高等职业教育交通土建类专业教材

公路工程造价实务

主　编　高　峰

副主编　初　芳　陈　晴

参　编　张万臣　崔晓义　董爱卉

　　　　马　桦　闫淑杰

主　审　张求书

北京理工大学出版社

BEIJING INSTITUTE OF TECHNOLOGY PRESS

内 容 提 要

本书为《公路工程造价》（高峰主编）之配套用书。全书共分四个部分，主要内容包括公路工程定额应用实务、公路工程概（预）算造价文件编制实务、公路工程施工招投标造价编制实务、公路工程造价软件应用实务。

本书可作为高等院校和高职高专院校工程造价、工程管理、道路与桥梁工程技术、工程试验检测等交通土建类相关专业用书，亦可供交通中等职业教育土建及道桥类专业师生选用，或作为公路工程管理人员培训及在职人员继续教育和参考用书。

图书在版编目(CIP)数据

公路工程造价实务/高峰主编.—北京：北京理工大学出版社，2018.1(2021.12重印)

ISBN 978-7-5682-4961-4

Ⅰ.①公…　Ⅱ.①高…　Ⅲ.①道路工程－工程造价　Ⅳ.①U415.13

中国版本图书馆CIP数据核字(2017)第275106号

出版发行 / 北京理工大学出版社有限责任公司
社　　址 / 北京市海淀区中关村南大街5号
邮　　编 / 100081
电　　话 / （010）68914775（总编室）
（010）82562903（教材售后服务热线）
（010）68944723（其他图书服务热线）
网　　址 / http://www.bitpress.com.cn
经　　销 / 全国各地新华书店
印　　刷 / 北京紫瑞利印刷有限公司
开　　本 / 787毫米×1092毫米　1/16
印　　张 / 13.5
字　　数 / 327千字
版　　次 / 2018年1月第1版　2021年12月第3次印刷
定　　价 / 42.00元

责任编辑 / 杜春英
文案编辑 / 杜春英
责任校对 / 周瑞红
责任印制 / 边心超

前言

《公路工程造价实务》为《公路工程造价》（高峰主编）配套使用的教学用书。本书是为了满足交通高等职业技术教育培养的实用型人才对公路工程造价知识的需求，根据交通部颁布实施的《公路工程基本建设项目概算预算编制办法》（JTG B06—2007）、《公路工程概算定额》（JTG/T B06-01—2007）、《公路工程预算定额》（JTG/T B06-02—2007）、《公路工程机械台班费用定额》（JTG/T B06-03—2007）编写的配套教材。

本书在编写过程中，力求体现以职业能力为本位，以应用能力为核心，以解决实际问题为目标，紧密联系工程实际，旨在通过实训使学生具备编制公路工程概预算及招投标造价文件的能力和技巧，掌握公路工程定额的基本原理和使用方法，学会应用各种公路工程造价软件编制概预算及招投标造价文件。

本书共分四部分，第一部分为公路工程定额应用实务，共编写了十八项内容；第二部分为公路工程概（预）算造价文件编制实务，共编写了十项内容；第三部分为公路工程施工招投标造价编制实务，共编写了两项内容；第四部分为公路工程造价软件应用实务，共编写了两项内容。本书在编写过程中，结合行业及市场前沿知识及编者多年在高等职业院校工程造价教学的经验，综合考虑目前工程造价专业的教学内容体系，以工程项目实际计价工作的开展过程为任务导向，结合实际工程项目，优化了实训内容。

本书由吉林交通职业技术学院高峰担任主编，由吉林交通职业技术学院初芳、陈晴担任副主编，吉林交通职业技术学院张万臣、崔晓义、董爱卉、马桦、闫淑杰参与了本书部分章节的编写工作。具体编写分工为：第一部分实务一至实务十由高峰编写；第一部分实务十一至实务十八由陈晴编写；第二部分实务一至实务七由初芳编写；第二部分实务八至实务十由高峰、张万臣共同编写；第三部分实务一、实务二由高峰编写；第四部分实务一、实务二由高峰、崔晓义、董爱卉共同编写；附录由高峰、马桦、闫淑杰共同编写。全书由吉林交通职业技术学院张求书主审。

鉴于编者水平和经验有限，书中难免存在不足和欠妥之处，恳请读者批评指正。

编　者

目 录

第一部分　公路工程定额应用实务……1
实务一　路基工程预算定额运用……3
实务二　路面工程预算定额运用……7
实务三　隧道工程预算定额运用……13
实务四　桥涵工程预算定额运用……19
实务五　防护工程预算定额运用……27
实务六　交通工程及沿线设施预算定额运用……31
实务七　临时工程预算定额运用……35
实务八　材料采集及加工预算定额运用……39
实务九　材料运输预算定额运用……43
实务十　基本定额、材料周转及摊销预算定额运用……47
实务十一　路基工程概算定额运用……57
实务十二　路面工程概算定额运用……61
实务十三　隧道工程概算定额运用……65
实务十四　涵洞工程概算定额运用……69
实务十五　桥梁工程概算定额运用……73
实务十六　交通工程及沿线设施概算定额运用……79
实务十七　临时工程概算定额运用……83
实务十八　公路工程机械台班费用定额运用……89

第二部分　公路工程概（预）算造价文件编制实务……93
实务一　初步编制分项工程概（预）算表（08-02表）……98
实务二　编制材料预算单价计算表（09表）……104
实务三　编制机械台班单价计算表（11表）……110

实务四　编制人工、材料、机械台班单价汇总表（07表）……115
实务五　编制其他工程费及间接费综合费率计算表（04表）……119
实务六　详细编制分项工程概（预）算表（08-2表）……124
实务七　编制建筑安装工程费计算表（03表）……130
实务八　编制工程建设其他费用及回收金额计算表（06表）……135
实务九　编制总概（预）算表（01表）……139
实务十　编制人工、材料、机械台班数量汇总表（02表）……144

第三部分　公路工程施工招投标造价编制实务……149
实务一　公路工程招标标底文件编制……149
实务二　公路工程投标报价文件编制……165

第四部分　公路工程造价软件应用实务……172
实务一　纵横SmartCost造价软件应用……172
实务二　同望WCOST造价软件应用……179

附录……188
附录一　全国冬期施工气温区划分表……188
附录二　全国雨期施工雨量区及雨季期划分表……193
附录三　全国风沙地区公路施工区划表……199
附录四　概（预）算表格样式……201

参考文献……210

第一部分　公路工程定额应用实务

一、概预算定额的组成内容

（一）概算定额的内容

（1）现行《公路工程概算定额》（JTG/T B06-01—2007）分为上、下两册，由交通部2007年10月19日发布，2008年1月1日起实施。《公路工程概算定额》（以下简称《概算定额》）内容包括路基工程、路面工程、隧道工程、涵洞工程、桥梁工程、交通工程及沿线设施、临时工程共七章。

（2）《概算定额》的组成包括颁发定额的文件、目录、总说明、各类工程的章说明、节说明、定额表共六部分。

（二）预算定额的内容

（1）现行《公路工程预算定额》（JTG/T B06-02—2007）分为上、下两册，由交通部2007年10月19日发布，2008年1月1日起实施。《公路工程预算定额》（以下简称《预算定额》）内容包括路基工程、路面工程、隧道工程、桥涵工程、防护工程、交通工程及沿线设施、临时工程、材料采集及加工、材料运输共九章及附录。

（2）《预算定额》附录包括路面材料计算基础数据，基本定额，材料的周转及摊销，定额基价人工、材料单位质量、单价表四部分内容。《预算定额》的内容、格式与《概算定额》基本相同。

二、运用定额的步骤

（1）根据工程项目的要求，确定所用定额的种类——概算定额或预算定额。

（2）根据概（预）算项目表，依次按目、节确定欲查定额的项目名称，然后据此在定额目录中找到其所在页数，进而找到所需定额表。但要注意核查定额的工作内容、作业方式是否与施工组织设计相符。

（3）查到定额表后再进行如下步骤：

① 当定额表中的“工程内容”与设计要求、施工组织要求相同时，则可在表中找到相应的细目，并进一步确定子目（栏号）。

② 检查定额表的定额单位与工程项目的计量单位是否一致，是否符合规定的工程量计算规则。

③ 查看定额总说明、章说明、节说明以及表后的附注，按与所查子目相关的条款处理问题。

④ 根据设计图纸和施工组织设计检查子项目中有无需要抽换的定额，是否允许抽换，若应抽换，则进行具体抽换计算。

⑤ 依子目各序号确定各项定额值，可直接引用的就直接抄录，需计算的则在计算后抄录。

三、运用定额应注意的问题

（1）项目单位要与定额单位一致，特别是在抽换、增列计算时更应注意。

（2）详细阅读总说明、章节说明及附注，每查一次细目都要重新考虑说明的规定。

（3）当细目中任何（工、料、机）定额值变化时，不要忘记其相应基价也要作相应的变化。

（4）查定额时，首先要鉴别工程项目属于哪类工程，以免盲目确定后却在表中找不到栏目而无法计算或错误引用定额。如“汽车运土”与“汽车运输”（构件）两个项目，前者属于路基工程，而后者属于桥梁工程。

（5）定额中带“（　）”表示的消耗量，一般是不计价的，一般表示半成品的数量或基价中未包括其价值，是供参考的数量，查定额时应特别注意。

实务一

路基工程预算定额运用

一、实训目的与要求

（1）熟悉路基工程预算定额的内容。

（2）掌握路基工程预算定额各章节的说明及运用要点。

（3）学会路基工程预算定额运用的基本方法和要求。

二、实训要点及注意事项

（1）机械施工土、石方，挖方部分机械达不到需由人工完成的工程量由施工组织设计确定。其中，人工操作部分按相应定额乘以系数1.15。

（2）自卸汽车运输路基土、石方定额项目和洒水汽车洒水定额项目，仅适用于平均运距在15 km以内的土、石方或水的运输。当平均运距超过15 km时，应按社会运输的有关规定计算其运输费用。当运距超过第一个定额运距单位时，其运距尾数不足一个增运定额单位的半数时不计，等于或超过半数时按一个增运定额运距单位计算。

（3）路基加宽填筑部分如需清除，按刷坡定额中普通土子目计算；清除的土方如需远运，按土方运输定额计算。

（4）下列数量应由施工组织设计提出，并入路基填方数量内计算：

① 清除表土或零填方地段的基底压实、耕地填前夯（压）实后，回填至原地面标高所需的土、石方数量。

② 因路基沉陷需增加填筑的土、石方数量。

③ 为保证路基边缘的压实度需加宽填筑时，所需的土、石方数量。

（5）边沟、排水沟、截水沟、急流槽定额均未包括垫层的费用，需要时按有关定额另行计算。

（6）雨水箅子的规格与定额不同时，可按设计用量抽换定额中铸铁箅子的消耗。

（7）袋装砂井及塑料排水板处理软土地基，工程量为设计深度，定额材料消耗中已包括砂袋或塑料排水板的预留长度。

（8）振冲碎石桩定额中不包括污泥排放处理的费用，需要时另行计算。

（9）挤密砂桩和石灰砂桩处理软土地基定额的工程量为设计桩断面积乘以设计桩长。

（10）粉体喷射搅拌桩和高压旋喷桩处理软土地基定额的工程量为设计桩长。

（11）高压旋喷桩定额中的浆液是按普通水泥浆编制的，当设计采用添加剂或水泥用量与定额不同时，可按设计要求进行抽换。

（12）土工布的铺设面积为锚固沟外边缘所包围的面积，包括锚固沟的底面积和侧面积。定额中不包括排水内容，需要时另行计算。

（13）强夯定额适用于处理松、软的碎石土、砂土，低饱和度的粉土与黏性土，湿陷性黄土、杂填土和素填土等地基。定额中已综合考虑夯坑的排水费用，使用定额时不得另行增加费用。夯击遍数应根据地基土的性质由设计确定，低能量满夯不作为夯击遍数计算。

（14）堆载预压定额中包括了堆载四面的放坡、沉降观测、修坡道增加的工、料、机消耗以及施工中测量放线、定位的工、料消耗，使用定额时均不得另行计算。

三、实训范例

某一级公路，平原微丘区，一路段挖方数量为 3 800 m^3，填方数量为 5 000 m^3，本桩利用方数量为 2 900 m^3（Ⅰ类土 600 m^3，Ⅱ类土 1 125 m^3，Ⅲ类土 875 m^3，Ⅳ类土 300 m^3），远运利用方数量为Ⅱ类土 1 300 m^3（天然方），且远运土方与借土方均采用机械翻斗车运输，试求本路段的借方、弃方及计价方数量。

【解析】

（1）根据《预算定额》第一章说明 1 的规定，确定土石方类别，分别为松土、普通土、硬土、软石。

（2）借方（压实方）。根据《预算定额》第一章第一节说明 8 的规定，当土方进行运输时，由于有运输损耗，在计算土方运输定额消耗时需要考虑运输损耗对运输量的影响。机械翻斗车运输土方的定额在节说明表列系数的基础上增加 0.03 的土方运输损耗。本桩利用方为 2 900 m^3，换算为压实方的数量为：

$$\frac{600}{1.23+0.03}+\frac{1\ 125}{1.16+0.03}+\frac{875}{1.09+0.03}+\frac{300}{0.92}=2\ 528.91\ (m^3)$$

远运利用方 1 300 m^3 换算为压实方的数量为：1 300/(1.16+0.03) =1 092.44（m^3）。

故借方为：5 000−2 528.91−1 092.44=1 378.65（m^3）。

（3）弃方（天然方）为：3 800−2 900=900（m^3）。

（4）计价方：

$$计价方=挖方(天然方)+借方(压实方)$$

或

$$计价方=挖方(天然方)+填方(压实方)-利用方(压实方)$$

所以，计价方=3 800+1 378.65=5 178.65（m^3）。

四、上交资料

每人上交实训报告一份。

实 训 报 告

日期：　　　　班级：　　　　组别：　　　　姓名：　　　　学号：

<table>
<tr><td colspan="2">实训任务</td><td>路基工程预算定额运用</td><td>成绩</td><td></td></tr>
<tr><td colspan="2">实训目的</td><td colspan="3"></td></tr>
<tr><td rowspan="3">实训内容</td><td>项目</td><td colspan="3">某三级公路，一路段挖方数量为 4 100 m³，填方数量为 3 800 m³，本桩利用方数量为 2 200 m³（松土 360 m³，普通土 890 m³，硬土 950 m³），远运利用方（天然方）数量为普通土 550 m³ 和软石 375 m³，且远运土方与借土方均采用手扶拖拉机运输，试求本路段的借方、弃方及计价方数量。</td></tr>
<tr><td>提示</td><td colspan="3">换算时注意考虑运输过程中造成的材料损耗。</td></tr>
<tr><td>解答</td><td colspan="3"></td></tr>
<tr><td colspan="2">实训总结</td><td colspan="3"></td></tr>
</table>

实务二

路面工程预算定额运用

一、实训目的与要求

（1）明确路面工程预算定额的内容。

（2）分析路面工程预算定额各章节的说明及运用要点。

（3）学会路面工程预算定额运用的基本方法和要求。

（4）会查用路面工程预算定额。

二、实训要点及注意事项

（1）路面项目中的厚度均为压实厚度，培路肩厚度为净培路肩的夯实厚度。

（2）本章定额中凡列有洒水汽车的子目，均按 5 km 范围内洒水汽车在水源处自吸水编制，不计水费。如工地附近无天然水源可利用，必须采用供水部门供水（如自来水）时，可根据定额子目中洒水汽车的台班数量，按每台班 35 m^3 计算定额用水量，乘以供水部门规定的水价增列水费。洒水汽车取水的平均运距超过 5 km 时，可按路基工程的洒水汽车洒水定额中的增运定额增加洒水汽车的台班消耗，但增加的洒水汽车台班消耗量不得再计水费。

（3）压路机台班按行驶速度，即两轮光轮压路机为 2.0 km/h、三轮光轮压路机为 2.5 km/h、轮胎式压路机为 5.0 km/h、振动压路机为 3.0 km/h 计算编制。当设计为单车道路面宽度时，两轮光轮压路机乘以系数 1.14、三轮光轮压路机乘以系数 1.33、轮胎式压路机和振动压路机乘以系数 1.29。

（4）自卸汽车运输稳定土混合料、沥青混合料和水泥混凝土定额项目，仅适用于平均运距在 15 km 以内的混合料运输，当平均运距超过 15 km 时，应按社会运输的有关规定计算其运输费用。当运距超过第一个定额运距单位时，其运距尾数不足一个增运定额单位的半数时不计，等于或超过半数时按一个增运定额运距单位计算。

（5）各类稳定土基层和级配碎石、级配砾石基层的压实厚度在 15 cm 以内，填隙碎石一层的压实厚度在 12 cm 以内，垫层、其他种类的基层和底基层的压实厚度在 20 cm 以内，拖拉机、平地机和压路机的台班消耗按定额数量计算。如超过上述压实厚度进行分层拌和、碾压时，拖拉机、平地机和压路机的台班消耗按定额数量加倍计算，每 1 000 m^2 增加 3 个工日。

（6）泥结碎石、级配碎石、级配砾石、天然砂砾、粒料改善土壤路面面层的压实厚度在 15 cm 以内，拖拉机、平地机和压路机的台班消耗按定额数量计算。如超过上述压实厚度进行分层拌和、碾压时，拖拉机、平地机和压路机的台班消耗按定额数量加倍计算，每

1 000 m^2增加 3 个工日。

(7) 泥结碎石及级配碎石、级配砾石面层定额中，均未包括磨耗层和保护层，需要时应按磨耗层和保护层定额另行计算。

(8) 沥青表面处治路面、沥青贯入式路面和沥青上拌下贯式路面的下贯层以及透层、黏层、封层定额中已计入热化、熬制沥青用的锅和灶等设备的费用，使用定额时，不得另行计算。

(9) 沥青碎石混合料、沥青混凝土和沥青碎石玛琋脂混合料路面定额中，均已包括混合料拌和、运输、摊铺作业时的损耗因素，路面实体按路面设计面积乘以压实厚度计算。

(10) 沥青路面定额中均未包括透层、黏层和封层，需要时可按有关定额另行计算。

(11) 沥青路面定额中的乳化沥青和改性沥青，均按外购成品料进行编制；当在现场自行配制时，其配制费用计入材料预算价格中。

(12) 当沥青玛琋脂碎石混合料设计采用的纤维稳定剂的掺加比例与定额不同时，可按设计用量调整定额中纤维稳定剂的消耗。

(13) 沥青路面定额中，均未考虑为保证石料与沥青的黏附性而采用的抗剥离措施的费用，需要时，应根据石料的性质，按设计提出的抗剥离措施，计算其费用。

(14) 在冬五区、冬六区采用层铺法施工沥青路面时，其沥青用量可按定额用量乘以系数：沥青表面处治 1.05；沥青贯入式基层或联结层 1.02；面层 1.028；沥青上拌下贯式下贯部分 1.043。

(15) 本定额是按一定的油石比编制的。当设计采用的油石比与定额不同时，可按设计油石比调整定额中的沥青用量。

(16) 整修旧路面定额中，砂石路面均按整修厚度 6.5 cm 计算，沥青表处面层按整修厚度 2 cm 计算，沥青混凝土面层按整修厚度 4 cm 计算，路面基层的整修厚度均按 6.5 cm 计算。

三、实训范例

某二级公路路面工程，石灰粉煤灰土基层，采用拖拉机带铧犁拌和，铺筑面积 112 000 m^2，厚 18 cm，6 000 L 洒水汽车洒水，工地附近无天然水源，需取自来水，距工地 7 km，自来水单价为 0.86 元/m^3。求增列水费、实际使用洒水汽车定额、总台班消耗。

【解析】

根据《预算定额》第二章说明 4 的规定，并查《预算定额》表 [95－2－1－4－Ⅱ－15＋16×3]，计算如下：

(1) 增列水费。

每喷洒 1 000 m^2基层用水量：(1.16＋0.06×3)×35＝46.9 (m^3)。

水费：46.9×0.86×112 000/1 000＝4 517.41 (元)。

(2) 实际使用洒水汽车定额。

由《预算定额》第二章说明 4 可知，洒水汽车取水的平均运距超过 5 km 时，可按路基工程的洒水汽车洒水定额中的增运定额增加洒水汽车的台班消耗。由《预算定额》表 [46－1－1－22－7] 可知，每立方米水增运 (7－5) km 所增加的洒水汽车台班为：

$$0.88\times(7-5)\times2/1\ 000=0.003\ 52\ (\text{台班})$$

所以，增列洒水汽车的台班定额为每喷洒 1 000 m^2 基层用水所增运 2 km 洒水汽车台班：46.9×0.003 52=0.17（台班）

实际使用洒水汽车定额为：(1.16+0.06×3)+0.17=1.51（台班）。

(3) 总台班消耗。

总作业量=实际耗用洒水汽车定额×工程量

=1.51×112 000/1 000=169.12（台班）

四、上交资料

每人上交实训报告一份。

实 训 报 告

日期：　　　　班级：　　　　组别：　　　　姓名：　　　　学号：

<table>
<tr><td colspan="2">实训任务</td><td>路面工程预算定额运用</td><td>成绩</td><td></td></tr>
<tr><td colspan="2">实训目的</td><td colspan="3"></td></tr>
<tr><td rowspan="3">实训内容</td><td>项目</td><td colspan="3">某一级公路，采用水泥石灰砂砾基层，稳定土拌合机拌和，铺筑面积 78 000 m^2，厚 21 cm，6 000 L 洒水汽车洒水，工地附近无天然水源，需取自来水，距工地 9 km，自来水单价为 0.86 元/m^3。求增列水费、实际使用洒水汽车定额、总台班消耗。</td></tr>
<tr><td>提示</td><td colspan="3">(1) 增列水费。
(2) 实际使用洒水汽车定额。
(3) 总作业量。</td></tr>
<tr><td>解答</td><td colspan="3"></td></tr>
<tr><td colspan="2">实训总结</td><td colspan="3"></td></tr>
</table>

实务三

隧道工程预算定额运用

一、实训目的与要求

(1) 明确隧道工程预算定额的内容。

(2) 分析隧道工程预算定额各章节的说明及运用要点。

(3) 学会隧道工程预算定额运用的基本方法和要求。

(4) 会查用隧道工程预算定额。

二、实训要点及注意事项

(1) 洞内出渣运输定额已综合洞门外 500 m 运距，当洞门外运距超过此运距时，可按照路基工程自卸汽车运输土石方的增运定额加计增运部分的费用。

(2) 本定额中均未包括混凝土及预制块的运输，需要时应按有关定额另行计算。

(3) 洞门挖基、仰坡及天沟开挖、明洞明挖土石方等，应使用其他章节有关定额计算。

(4) 洞内工程项目如需采用其他章节的有关项目时，所采用定额的人工工日、机械台班数量及小型机具使用费，应乘以系数 1.26。

(5) 本定额正洞机械开挖自卸汽车运输定额是按开挖、出渣运输分别编制的，不分工程部位均使用本定额。施工通风及高压风水管和照明电线路单独编制定额项目。

(6) 本定额连拱隧道中导洞、侧导洞开挖和中隔墙衬砌是按连拱隧道施工方法编制的，除此以外的其他部位的开挖、衬砌、支护可套用本节其他定额。

(7) 格栅钢架和型钢钢架均按永久性支护编制，如作为临时支护使用时，应按规定计取回收。定额中已综合连接钢筋的数量。

(8) 喷射混凝土定额中已综合考虑混凝土的回弹量；钢纤维混凝土中的钢纤维掺入量按喷射混凝土质量的 3%掺入。当设计采用的钢纤维掺入量与本定额不同或采用其他材料时，可进行抽换。

(9) 洞身衬砌项目按现浇混凝土衬砌，石料、混凝土预制块衬砌分别编制，不分工程部位均使用本定额。定额中已综合考虑超挖回填因素，当设计采用的混凝土强度等级与定额采用的不符或采用特殊混凝土时，可根据具体情况对混凝土配合比进行抽换。

(10) 混凝土运输定额仅适用于洞内混凝土运输，洞外运输应按桥涵工程有关定额计算。

(11) 本定额所指隧道长度均指隧道进出口（含与隧道相连的明洞）洞门端墙墙面之间的距离，即两端端墙面与路面的交线与路线中线交点间的距离。双线隧道按上、下行隧道长度的平均值计算。

（12）洞身开挖、出渣工程量按设计断面数量（成洞断面加衬砌断面）计算，包含洞身及所有附属洞室的数量，定额中已考虑超挖因素，不得将超挖数量计入工程量。

（13）现浇混凝土衬砌中浇筑、运输的工程数量，均按设计断面衬砌数量计算，包含洞身及所有附属洞室的衬砌数量。定额中已综合因超挖及预留变形需回填的混凝土数量，不得将上述因素的工程量计入计价工程量中。

（14）防水板、明洞防水层的工程数量按设计敷设面积计算。

（15）拱顶压浆的工程数量按设计数量计算，设计时可按每延长米 0.25 m^3综合考虑。

（16）喷射混凝土的工程量按设计厚度乘以喷射面积计算，喷射面积按设计外轮廓线计算。

（17）砂浆锚杆工程量为锚杆、垫板及螺母等材料质量之和；中空注浆锚杆、自进式锚杆的工程量按锚杆设计长度计算。

（18）格栅钢架、型钢钢架工程数量按钢架的设计质量计算，连接钢筋的数量不得作为工程量计算。

（19）管棚、小导管的工程量按设计钢管长度计算，当管径与定额不同时，可调整定额中钢管的消耗量。

（20）横向塑料排水管每处为单洞两侧的工程数量；纵向弹簧管按隧道纵向每侧铺设长度之和计算；环向盲沟按隧道横断面敷设长度计算。

三、实训范例

云南省内某隧道工程，Ⅲ级围岩，隧道长 5 km，施工中需进行洞内反坡排水，排水量 18 m^3/h，累积排水 196 m^3，求洞内排水的工、料、机消耗量。

【解析】

根据《预算定额》第三章第一节节说明 9，对抽水机台班进行调整。查定额表［227－3－1－17－4＋5］，计算如下：

人工：0.1×196/100＝0.196（工日）；

其他材料费：(8.0＋1.0)×196/100＝17.64（元）；

直径 50 mm 的电动单级离心水泵：(1.55＋0.44)×1.35×196/100＝5.27（台班）。

四、上交资料

每人上交实训报告一份。

实 训 报 告

日期：　　　　　班级：　　　　　组别：　　　　　姓名：　　　　　学号：

<table>
<tr><td colspan="2">实训任务</td><td>隧道工程预算定额运用（一）</td><td>成绩</td><td></td></tr>
<tr><td colspan="2">实训目的</td><td colspan="3"></td></tr>
<tr><td rowspan="3">实训内容</td><td>项目</td><td colspan="3">已知某隧道长 1 050 m，洞身次坚石开挖 35 607 m^3，采用机械开挖自卸汽车运输，超前支护采用钢支撑 97.8 t，C30 喷射混凝土衬砌 1 068.9 m^3。试确定该洞身项目的预算定额基价。</td></tr>
<tr><td>提示</td><td colspan="3">（1）确定次坚石所属的围岩等级。
（2）机械开挖自卸汽车运输的《预算定额》内容与《概算定额》略有不同，开挖与出渣要分开查找和计算。
（3）喷射混凝土衬砌的混凝土抽换。</td></tr>
<tr><td>解答</td><td colspan="3"></td></tr>
<tr><td colspan="2">实训总结</td><td colspan="3"></td></tr>
</table>

实 训 报 告

日期：　　　　班级：　　　　组别：　　　　姓名：　　　　学号：

实训任务		隧道工程预算定额运用（二）	成绩	
实训目的				
实训内容	项目	四川省境内某隧道工程，围岩Ⅳ级，隧道长 2.2 km，按设计图计得洞身开挖 78 500 m^3，另需超挖 2 560 m^3，机械开挖轻轨斗车运输 1 200 m。试确定人工、机械的消耗。		
	提示	着重考虑超挖问题。		
	解答			
实训总结				

实务四

桥涵工程预算定额运用

一、实训目的与要求

（1）认知桥涵工程预算定额的内容。

（2）熟知桥涵工程预算定额各章节的说明及运用要点。

（3）学会桥涵工程预算定额运用的基本方法和要求。

（4）会查用桥涵工程预算定额。

二、实训要点及注意事项

（1）定额中混凝土工程除小型构件、大型预制构件底座、混凝土搅拌站安拆和钢桁架桥式码头项目中已考虑混凝土的拌和费用外，其他混凝土项目中均未考虑混凝土的拌和费用，应按有关定额另行计算。

（2）定额中混凝土均按露天养生考虑，如采用蒸汽养生时，应从各有关定额中扣减人工1.5个工日及其他材料费4元，并按蒸汽养生有关定额计算。

（3）定额中凡钢筋直径在10 mm以上的接头，除注明为钢套筒连接外，均采用电弧搭接焊或电阻对接焊。

（4）定额中的钢筋按选用图纸分为光圆钢筋、带肋钢筋，当设计图纸的钢筋比例与定额有出入时，可调整钢筋品种的比例关系。

（5）定额中的钢筋是按一般定尺长度计算的，当设计提供的钢筋连接用钢套筒数量与定额有出入时，可按设计数量调整定额中的钢套筒消耗，其他消耗不调整。

（6）开挖基坑土、石方运输按弃土于坑外10 m范围内考虑，当坑上水平运距超过10 m时，另按路基土、石方增运定额计算。

（7）基坑深度为坑的顶面中心标高至底面的数值。在同一基坑内，不论开挖哪一深度均执行该基坑的全深度定额。

（8）开挖基坑定额中已综合了基底夯实、基坑回填及检平石质基底用工，湿处挖基还包括挖边沟、挖集水井及排水作业用工，使用定额时，不得另行计算。

（9）挖基定额中未包括水泵台班，挖基及基础、墩台砌筑所需的水泵台班按“基坑水泵台班消耗”表的规定计算，并计入挖基项目中。

（10）草土、草（麻）袋、竹笼围堰长度按围堰中心长度计算，高度按施工水深加0.5 m计算。木笼钢丝围堰实体为木笼所包围的体积。

（11）打预制钢筋混凝土方桩和管桩的工程量，应根据设计尺寸及长度以体积计算（管桩的空心部分应予以扣除)。设计中规定凿去的桩头部分的数量，应计入设计工程量内。

(12) 钢筋混凝土方桩的预制工程量，应为打桩定额中括号内的备制数量。

(13) 打钢板桩的工程量按设计需要的钢板桩质量计算。

(14) 打桩用的工作平台的工程量，按施工组织设计所需的面积计算。

(15) 船上打桩工作平台的工程量，根据施工组织设计，按一座桥梁实际需要打桩机的台数和每台打桩机需要的船上工作平台面积的总和计算。

(16) 灌注桩成孔工程量按设计入土深度计算。定额中的孔深指护筒顶至桩底(设计标高)的深度。成孔定额中同一孔内的不同土质，不论其所在的深度如何，均采用总孔深定额。

(17) 人工挖孔的工程量按护筒(护壁)外缘所包围的面积乘设计孔深计算。

(18) 浇筑水下混凝土的工程量按设计桩径横断面面积乘设计桩长计算，不得将扩孔因素计入工程量。

(19) 灌注桩工作平台的工程量按施工组织设计需要的面积计算。

(20) 预制构件的工程量为构件的实际体积(不包括空心部分的体积)，但预应力构件的工程量为构件预制体积与构件端头封锚混凝土的数量之和。预制空心板的空心堵头混凝土已综合在预制定额内，计算工程量时不应再计列这部分混凝土的数量。

(21) 使用定额时，构件的预制数量应为安装定额中括号内所列的构件备制数量。

(22) 安装的工程量为安装构件的体积。

(23) 构件安装时现浇混凝土的工程量为现浇混凝土和砂浆的数量之和。但如在安装定额中已计列砂浆消耗的项目，则在工程量中不应再计列砂浆的数量。

(24) 预制、悬拼预应力箱梁临时支座的工程量为临时支座中混凝土及硫黄砂浆的体积之和。

(25) 移动模架的质量包括托架(牛腿)、主梁、鼻梁、横梁、吊架、工作平台及爬梯的质量，不包括液压构件和内外模板(含模板支撑系统)的质量。

(26) 预应力钢绞线、预应力精轧螺纹粗钢筋及配锥形(弗氏)锚的预应力钢丝的工程量为锚固长度与工作长度的质量之和。

(27) 配镦头锚的预应力钢丝的工程量为锚固长度的质量。

(28) 先张钢绞线质量为设计图纸质量，定额中已包括钢绞线损耗及预制场构件间的工作长度及张拉工作长度。

(29) 运输便道、轨道的铺设，栈桥码头、扒杆、龙门架、缆索的架设等，均未包括在定额内，应按有关章节定额另行计算。

(30) 桥梁拱盔、木支架及简单支架均按有效宽度 8.5 m 计，钢支架按有效宽度 12.0 m 计，当实际宽度与定额不同时可按比例换算。

(31) 木结构制作按机械配合人工编制，配备的木工机械均已计入定额中。结构中的半圆木构件，用圆木对剖加工所需的工日及机械台班均已计入定额内。

(32) 所有拱盔均包括底模板及工作台的材料，但不包括现浇混凝土的侧模板。

(33) 桁构式拱盔安装、拆除用的人字扒杆、地锚移动用工及拱盔缆风设备工料已计入定额，但不包括扒杆制作的工、料，扒杆数量根据施工组织设计另行计算。

(34) 桁构式支架定额中已包括墩台两旁支撑排架及中间拼装、拆除用支撑架，支撑架已加计拱矢高度并考虑了缆风设备。定额以孔为计量单位。

（35）木支架及轻型门式钢支架的帽梁和地梁已计入定额中，地梁以下的基础工程未计入定额中，需要时，应按有关定额另行计算。

三、实训范例

【范例一】某桥预制预应力组合箱梁，主梁采用先张法，钢筋的设计使用量：光圆钢筋为 4.1 t，带肋钢筋为 8.6 t，试确定该分项的钢筋定额。

【解析】

根据《预算定额》第四章章说明二中（2）的规定，如设计图纸的钢筋比例与定额有出入，可调整钢筋品种的比例关系。

（1）查《预算定额》表［543－4－7－15－5］。由表中查得光圆钢筋与带肋钢筋的比例为 0.434∶0.591＝0.734。

（2）设计图纸中光圆钢筋与带肋钢筋的比例为 4.1∶8.6＝0.477，可知与定额比例不符，应进行换算。

（3）由《预算定额》附录四可知，光圆、带肋钢筋的场内运输及操作损耗为 2.5%。

（4）实用定额为（1 t 钢筋）：

光圆钢筋：$\frac{4.1}{4.1+8.6}(1+0.025)=0.331(t)$。

带肋钢筋：$\frac{8.6}{4.1+8.6}(1+0.025)=0.694(t)$。

【范例二】某桥梁工程修筑麻袋围堰，围堰中心长 28 m，宽 22 m，施工水深 1.4 m，装麻袋土手推车运输，运距为 180 m，试确定该工程的预算定额值及总用工数量。

【解析】

（1）根据《预算定额》第四章第二节说明 14，确定围堰高度为施工水深加 0.5 m，即围堰高 1.9 m。

（2）围堰工程量的大小为：(28＋22)×2＝100（m）。

（3）查《预算定额》表［287－4－2－2－13＋14］，由附注知，围堰高度不同时，可内插计算。

每 10 m 长围堰的定额值计算如下：

人工：28.05 工日；

材料：麻袋 401 个，土 51.25 m^3；

用工数量小计：28.05×100÷10＝280.5（工日）。

根据《预算定额》第四章第二节节说明中第 2 条规定，当取土运距大于 50 m 时，应按人工挖运土方定额增列超运距用工，查《预算定额》表［9－1－1－6－5］得 1 000 m^3 天然密实土每增运 10 m 定额值计算如下：

人工：7.3 工日；

人工小计：7.3×[(180－50)÷10]×(51.25÷1 000)×(100÷10)＝48.64（工日）。

（4）总用工数：280.5＋48.64＝329.14（工日）。

四、上交资料

每人上交实训报告一份。

实 训 报 告

日期：　　　　班级：　　　　组别：　　　　姓名：　　　　学号：

<table>
<tr><td colspan="2">实训任务</td><td>桥涵工程预算定额运用（一）</td><td>成绩</td><td></td></tr>
<tr><td colspan="2">实训目的</td><td colspan="3"></td></tr>
<tr><td rowspan="3">实训内容</td><td>项目</td><td colspan="3">某小桥靠岸桥台的基坑开挖工程，土质为松软的黄土，人工开挖卷扬机吊运，基坑顶面中心标高 87 m，地下水水位 85.0 m，基底标高 83.0 m，挖基总量 280 m^3，其中干处开挖 130 m^3，基底以上 20 cm 人工开挖 18 m^3，运距 60 m，试确定基坑开挖所需的人工、机械的预算定额值。</td></tr>
<tr><td>提示</td><td colspan="3">（1）根据节说明要求计列摇头扒杆。
（2）查取人工开挖、卷扬机吊运。
（3）根据节说明处理基底以上 20 cm 人工开挖的问题。
（4）根据节说明考虑运距问题。
（5）由节说明，计列挖基、砌筑用水泵台班。</td></tr>
<tr><td>解答</td><td colspan="3"></td></tr>
<tr><td colspan="2">实训总结</td><td colspan="3"></td></tr>
</table>

实 训 报 告

日期：　　　　班级：　　　　组别：　　　　姓名：　　　　学号：

<table>
<tr><td colspan="2">实训任务</td><td>桥涵工程预算定额运用（二）</td><td>成绩</td><td></td></tr>
<tr><td colspan="2">实训目的</td><td colspan="3"></td></tr>
<tr><td rowspan="3">实
训
内
容</td><td>项
目</td><td colspan="3">某桥采用陆地工作平台上打钢筋混凝土桩基础，地基土层从上到下依次为粉质黏土 3 m，砂类土 4 m，砂砾 7 m，设计垂直桩入土深度 17 m，斜桩入土深度 18 m，设计规定凿去桩头 1 m，根据施工组织设计，打桩工作平台 220 m^2，试计算打钢筋混凝土方桩预算定额值。</td></tr>
<tr><td>提
示</td><td colspan="3">（1）确定土质。
（2）查取垂直桩的定额值。
（3）根据节说明考虑斜桩问题。
（4）参照节说明考虑凿桩头问题。
（5）确定打桩工作平台定额值。</td></tr>
<tr><td>解
答</td><td colspan="3"></td></tr>
<tr><td colspan="2">实训总结</td><td colspan="3"></td></tr>
</table>

实务五

防护工程预算定额运用

一、实训目的与要求

(1) 认知防护工程预算定额的内容。

(2) 熟知防护工程预算定额的章说明及运用要点。

(3) 学会防护工程预算定额运用的基本方法和要求。

(4) 会查用防护工程预算定额。

二、实训要点及注意事项

(1) 本章定额中未列出的其他结构形式的砌石防护工程，需要时按“桥涵工程”项目的有关定额计算。

(2) 本章定额中除注明者外，均不包括挖基、基础垫层的工程内容，需要时按“桥涵工程”项目的有关定额计算。

(3) 本章定额中除注明者外，均已包括按设计要求需要设置的伸缩缝、沉降缝的费用。

(4) 本章定额中除注明者外，均已包括水泥混凝土的拌和费用。

(5) 植草护坡定额中均已综合考虑胶粘剂、保水剂、营养土、肥料、覆盖薄膜等的费用，使用定额时不得另行计算。

(6) 现浇拱形骨架护坡可参考本章定额中的现浇框格（架）式护坡进行计算。

(7) 预应力锚索护坡定额中的脚手架是按钢管脚手架编制的，脚手架宽度按 2.5 m 考虑。

(8) 铺草皮工程量按所铺边坡的坡面面积计算。

(9) 护坡定额中以 100 m^2 或 1 000 m^2 为计量单位的子目的工程量，按设计需要防护的边坡坡面面积计算。

(10) 木笼、竹笼、钢丝笼填石护坡的工程量按填石体积计算。

(11) 本章定额砌筑工程的工程量为砌体的实际体积，包括构成砌体的砂浆体积。

(12) 本章定额预制混凝土构件的工程量为预制构件的实际体积，不包括预制构件中空心部分的体积。

(13) 预应力锚索的工程量为锚索（钢绞线）长度与工作长度的质量之和。

(14) 抗滑桩挖孔工程量按护壁外缘所包围的面积乘设计孔深计算。

(15) 采用人工铺草皮时，定额中人工工日和草皮数量加倍计算，其他材料费不变。

(16) 植草护坡定额挂钢丝网未包括固筋（或锚杆）的消耗，应按相应定额另行计算。

（17）植草护坡挂网定额中钢筋项目仅适用于挂钢丝网的钢筋框条。

（18）植草护坡定额中植草项目可根据设计用量调整定额中的草籽或种子的消耗。

（19）编篱填石护坡定额中不包括坡脚铺填片石，需要时根据设计按有关定额另行计算。

（20）预制混凝土护坡定额中码砌菱形格护坡定额未包括框格间缝隙的填塞费用，需要时应另行计算。

三、实训范例

某混凝土挡土墙工程，基础为C15片石混凝土35 m^3，垫层为填碎（砾）石18 m^3，墙身为C20水泥混凝土75 m^3，试确定其人工、水泥的用量。

【解析】

(1) C15片石混凝土基础。

由《预算定额》表［754－5－1－18－1］（定额单位为10 m^3实体）得：

人工：19.3×35÷10＝67.55（工日）；

32.5级水泥：2.193×35÷10≈7.68（t）。

(2) 填碎（砾）石垫层。

根据《预算定额》第五章章说明2，垫层定额可采用桥涵工程有关定额，查《预算定额》表［685－4－11－5－2］（定额单位为10 m^3实体）得：

人工：7.2×18÷10＝12.96（工日）。

(3) 墙身C20水泥混凝土。

查《预算定额》表［754－5－1－18－2］（定额单位为10 m^3实体）得：

人工：19.5×75÷10＝146.25（工日）；

32.5级水泥：2.876×75÷10＝21.57（t）。

四、上交资料

每人上交实训报告一份。

实 训 报 告

日期：　　　　班级：　　　　组别：　　　　姓名：　　　　学号：

<table>
<tr><td colspan="2">实训任务</td><td>防护工程预算定额运用</td><td>成绩</td><td></td></tr>
<tr><td colspan="2">实训目的</td><td colspan="3"></td></tr>
<tr><td rowspan="3">实
训
内
容</td><td>项
目</td><td colspan="3">某一级公路防护工程，人工铺草皮，边坡面积 38 000 m^2，花格式铺筑，边坡高 13 m，浆砌块石挡土墙，基础 18 m^3，墙身 35 m^3，求工、料、机耗用量。</td></tr>
<tr><td>提
示</td><td colspan="3">注意从项目中准确划分细目。</td></tr>
<tr><td>解
答</td><td colspan="3"></td></tr>
<tr><td colspan="2">实训总结</td><td colspan="3"></td></tr>
</table>

实务六

交通工程及沿线设施预算定额运用

一、实训目的与要求

（1）熟悉交通工程及沿线设施工程预算定额的内容。

（2）掌握交通工程及沿线设施工程预算定额各章节的说明及运用要点。

（3）学会交通工程及沿线设施工程预算定额运用的基本方法和要求。

二、实训要点及注意事项

（1）本章定额中只列出工程所需的主要材料用量，对次要、零星材料和小型施工机具均未列出，分别列入“其他材料费”和“小型机具使用费”内，以元计，编制预算即按此计算。

（2）钢筋混凝土防撞护栏中铸铁柱与钢管栏杆按柱与栏杆的总质量计算，预埋螺栓、螺母及垫圈等附件已综合在定额内，使用定额时，不得另行计算。

（3）波形钢板护栏中钢管柱、型钢柱按柱的成品质量计算；波形钢板按波形钢板、端头板（包括端部稳定的锚碇板、夹具、挡板）与撑架的总质量计算，柱帽、固定螺栓、连接螺栓、钢丝绳、螺母及垫圈等附件已综合在定额内，使用定额时，不得另行计算。

（4）隔离栅中钢管柱按钢管与网框型钢的总质量计算，型钢立柱按柱与斜撑的总质量计算，钢管柱定额中已综合了螺栓、螺母、垫圈及柱帽钢板的数量，型钢立柱定额中已综合了各种连接件及地锚钢筋的数量，使用定额时，不得另行计算。

（5）设备安装定额单位除 LED 显示屏以 m^2 计、系统试运行以系统·月计外，其余均以台或套计。

（6）计算机系统可靠性、稳定性运行是按计算机系统 24 h 连续计算确定的，超过要求时，其费用另行计算。

（7）收费岛混凝土工程量按岛身、收费亭基础、收费岛敷设穿线钢管水泥混凝土垫层、防撞柱水泥混凝土基础、配电箱水泥混凝土基础和控制箱水泥混凝土基础体积之和计算。

（8）收费岛钢筋工程量按收费岛、收费亭基础的钢筋数量之和计算。

（9）设备基础混凝土工程量按设备水泥混凝土基础体积计算。

（10）镀锌防撞护栏的工程量按镀锌防撞护栏的质量计算。

（11）钢管防撞柱的工程量按钢管防撞立柱的质量计算。

（12）配电箱基础预埋 PVC 管的工程量按 PVC 管长度计算。

（13）敷设电线钢套管的工程量按敷设电线钢套管质量计算。

（14）安装电缆走线架定额中，不包括通过沉降（伸缩）缝和要作特殊处理的内容，需要时按有关定额另行计算。

(15) 布放电缆定额只适用于在电缆走道、槽道及机房内地槽中布放。

(16) 通信铁塔的安装是按在正常的气象条件下施工确定的，定额中不包括铁塔基础施工、预埋件埋设及防雷接地工程等内容，需要时按有关定额另行计算。

(17) 安装通信天线，不论有无操作平台均执行本定额；安装天线的高度均指天线底部距塔（杆）座的高度。

(18) 通信管道定额中不包括管道过桥时的托架和管箱等工程内容，应按相关定额另行计算；挖管沟本定额也未包括，应按“路基工程”项目人工挖运土方定额计算。

(19) 干式变压器如果带有保护外罩，人工和机械乘以系数 1.2。

(20) 高压成套配电柜中断路器安装定额是综合考虑的，不分容量大小，也不包括母线配制及设备干燥。

(21) 组合型成套箱式变电站主要是指 10 kV 以下的箱式变电站，一般布置形式为变压器在箱的中间，箱的一端为高压开关位置，另一端为低压开关位置。

(22) 控制设备安装未包括支架的制作和安装，需要时可按相关定额另行计算。

(23) 电缆敷设按单根延长米计算（如一个架上敷设 3 根各长 100 m 的电缆，工程量应按 300 m 计算，以此类推)。电缆附加及预留的长度是电缆敷设长度的组成部分，应计入电缆工程量之内。电缆进入建筑物预留长度按 2 m 计算，电缆进入沟内或吊架预留长度按 1.5 m 计算，电缆中间接头盒预留长度两端各按 2 m 计算。

(24) 电缆沟盖板揭、盖定额，按每揭、盖一次以延长米计算。如又揭又盖，则按两次计算。

(25) 用于扩（改）建工程时，所用定额的人工工日乘以系数 1.35；用于拆除工程时，所用定额的人工工日乘以系数 0.25。施工单位为配合认证单位验收测试而发生的费用，按本定额验证测试子目的工日、仪器仪表台班总用量乘以系数 0.30 计取。

(26) 给水管道：室内外界线以建筑物外墙皮 1.5 m 为界，入口处设阀门者以阀门为界；与市政管道界线以水表井为界，无水表井者，以与市政管道碰头点为界。

(27) 配管的工程量计算不扣除管路中的接线箱（盒)、灯盒、开关盒所占的长度。

三、实训范例

某高速公路隔离栅工程，已知设计为型钢立柱上挂刺钢丝形式，总长（两侧）42 km、高 2.0 m，共用刺钢丝长度 342.2 km，刺钢丝单位质量 0.15 kg/m，型钢立柱总质量 12 t。试确定该隔离栅的预算定额，并计算总工日和总基价金额。

【解析】

根据《预算定额》第六章“交通工程及沿线设施”第一节说明 3 工程量计算规则（3）的规定，刺钢丝网按钢丝总质量计。该项目的预算定额可由定额表［783－6－1－4－4＋6］确定，并计算所需总工日和总基价如下：

刺钢丝总质量：342.2×1 000×0.15/1 000＝51.33（t)；

总工日：108×51.33＋28.3×12＝5 883.24（工日)；

总基价：12 203×51.33＋7 397×12＝715 144（元)。

四、上交资料

每人上交实训报告一份。

实 训 报 告

日期：　　　　班级：　　　　组别：　　　　姓名：　　　　学号：

<table>
<tr><td colspan="2">实训任务</td><td>交通工程及沿线设施预算定额运用</td><td>成绩</td><td></td></tr>
<tr><td colspan="2">实训目的</td><td colspan="3"></td></tr>
<tr><td rowspan="3">实训内容</td><td>项目</td><td colspan="3">某路段为确保安全，在沿线挡土墙上设置柱式护栏，共 30 根，路肩上共设 20 根，试求其工、料、机消耗量。</td></tr>
<tr><td>提示</td><td colspan="3">注意确定工程量。</td></tr>
<tr><td>解答</td><td colspan="3"></td></tr>
<tr><td colspan="2">实训总结</td><td colspan="3"></td></tr>
</table>

实务七

临时工程预算定额运用

一、实训目的与要求

（1）认知临时工程预算定额的内容。

（2）熟悉临时工程预算定额各章节的说明及运用要点。

（3）掌握临时工程预算定额运用的基本方法和要求。

（4）会运用临时工程预算定额。

二、实训要点及注意事项

（1）本章定额包括汽车便道，临时便桥，临时码头，轨道铺设，架设输电、电信线路，人工夯打小圆木桩六个项目。

（2）汽车便道按路基宽度为 7.0 m 和 4.5 m 分别编制，便道路面宽度按 6.0 m 和 3.5 m分别编制，路基宽度 4.5 m 的定额中已包括错车道的设置。汽车便道项目中未包括便道使用期内养护所需的工、料、机数量，如便道使用期内需要养护，编制预算时，可根据施工期按表 1-1 增加数量。

表 1-1　需要养护时增加的工、料、机数量　　km・月

序号	项目	单位	代号	汽车便道路基宽度/m	
				7.0	4.5
1	人工	工日	1	3.0	2.0
2	天然级配	m^3	908	18.00	10.80
3	6～8 t 光轮压路机	台班	1075	2.20	1.32

（3）临时汽车便桥载重按汽车－15 级、桥面净宽 4 m、单孔跨径 21 m 编制。

（4）重力式砌石码头定额中不包括拆除的工程内容，需要时可按“桥涵工程”项目的“拆除旧建筑物”定额另行计算。

（5）轨道铺设定额中轻轨（11 kg/m，15 kg/m）部分未考虑道渣，轨距为 75 cm，枕距为 80 cm，枕长为 1.2 m；重轨（32 kg/m）部分轨距为 1.435 m，枕距为 80 cm，枕长为 2.5 m，岔枕长为 3.35 m，并考虑了道渣铺筑。

（6）人工夯打小圆木桩的土质划分及桩入土深度的计算方法与打桩工程相同。圆木桩的体积，根据设计桩长和梢径（小头直径），按木材材积表计算。

（7）本章定额中便桥，输电、电信线路的木料、电线的材料消耗均按一次使用量计列，编制预算时应按规定计算回收；其他各项定额分不同情况，按其周转次数摊入材料数量。

三、实训范例

某汽车便道工程，位于平原微丘区，路基宽 7 m，天然砂砾路面压实厚度 15 cm，路面宽 6 m，使用期 32 个月，便道长 4.6 km，需要养护，试计算该便道工程的预算定额值及养护所需的工、料、机数量。

【解析】

（1）查《预算定额》表［944—7—1—1—1］，每千米汽车便道路基的定额值如下所示：

人工：41 工日；75 kW 以内履带式推土机：10.42 台班；6～8 t 光轮压路机：0.94 台班；8～10 t 光轮压路机：0.71 台班；12～15 t 光轮压路机：2.79 台班。

（2）查《预算定额》表［944—7—1—1—5］，每千米天然砂砾路面定额值如下所示：

人工：248.1 工日。

材料：天然级配 1 193.40 m^3；水：112 m^3。

机械：8～10 t 光轮压路机 1.62 台班；12～15 t 光轮压路机 3.24 台班；0.6 t 以内手扶式振动碾 5.65 台班。

（3）汽车便道养护：根据《预算定额》第七章章说明 2 的规定，便道使用期内养护所需的工、料、机数量应按章说明 2 表中所列数值计算。每月每千米养护增加定额值如下所示：

人工：3.0 工日；

天然砂砾：18 m^3；

6～8 t 光轮压路机：2.20 台班。

根据便道长度及使用期，养护所需工、料、机总量如下：

人工：3.0×4.6×32=441.6（工日）；

天然砂砾：18×4.6×32=2 649.6（m^3）；

6～8 t 光轮压路机：2.20×4.6×32=323.84（台班）。

四、上交资料

每人上交实训报告一份。

实 训 报 告

日期：　　　　　　班级：　　　　　　组别：　　　　　　姓名：　　　　　　学号：

<table>
<tr><td colspan="2">实训任务</td><td>临时工程预算定额运用</td><td>成绩</td><td></td></tr>
<tr><td colspan="2">实训目的</td><td colspan="3"></td></tr>
<tr><td rowspan="3">实训内容</td><td>项目</td><td colspan="3">某汽车便道工程，位于山岭重丘区，路基宽 4.5 m，天然砂砾路面压实厚度 15 cm，路面宽 3.5 m，使用期 26 个月，便道长 3.9 km，需要养护，试计算该便道工程的预算定额值及养护所需的工、料、机数量。</td></tr>
<tr><td>提示</td><td colspan="3">注意养护的单位为 km·月。</td></tr>
<tr><td>解答</td><td colspan="3"></td></tr>
<tr><td colspan="2">实训总结</td><td colspan="3"></td></tr>
</table>

实务八

材料采集及加工预算定额运用

一、实训目的与要求

(1) 认知临时工程预算定额的内容。

(2) 熟悉临时工程预算定额各章节的说明及运用要点。

(3) 掌握临时工程预算定额运用的基本方法和要求。

(4) 会运用临时工程预算定额。

二、实训要点及注意事项

(1) 材料计量单位标准，除有特别说明者外，土、黏土、砂、石屑、碎（砾）石、碎（砾）石土、煤渣、矿渣均按堆方计算；片石、块石、大卵石均按码方计算；料石、盖板石均按实方计算。

(2) 开炸路基石方的片（块）石如需利用，应按本章捡清片（块）石项目计算。

(3) 材料采集及加工定额中，已包括采、筛、洗、堆及加工等操作损耗在内。

(4) 盖山土石厚度超过 1 m 时，按“路基工程”项目开挖（炸）土、石方定额计算。

(5) “采筛洗砂及机制砂”定额中需要清除表土及备水时，其工日另计。每 1 m^3 砂按 0.5 m^3 用水量计算。

(6) “采筛洗砂及机制砂”定额中，当人工采、筛、洗、堆联合作业时，按“采、筛、堆”及“洗、堆”工日之和扣减一次堆方，每 100 m^3 扣减 3 工日计，其中洗、堆定额中的砂不计价。

(7) “采砂砾、碎（砾）石土、砾石、卵石”定额中，当需备水洗石时，每 1 m^3 碎（砾、卵）石用水量按 0.3 m^3 计算，运水工另行计算。

(8) “人工开采料石、盖板石”定额中如需爆破者按开采块石所需材料计列。

三、实训范例

试确定人工采、筛、洗、堆砂联合作业，工程数量为 200 m^3 堆方的预算定额（成品率按 60%计）。

【解析】

(1) 由《预算定额》附录可知，该定额在第 957 页，定额表号为［8—1—4—4］。

(2) 确定定额表号为［957—8—1—4—4+6］。

(3) 根据该表附注 2 的规定，人工采、筛、洗、堆砂联合作业时，按“采、筛、堆”及

"洗、堆"工日之和扣减一次堆方，每 100 m^3 扣减 3 个工日。

(4) 定额单位为 100 m^3 堆方，计算 200 m^3 堆方的预算定额如下所示：

人工：(32.1+45.2−3)×2=148.6（工日）；

砂：115×2=230（m^3）（洗、堆）；

定额基价：(1 579+2 224)×2=7 606（元）。

四、上交资料

每人上交实训报告一份。

实 训 报 告

日期：　　　　　班级：　　　　　组别：　　　　　姓名：　　　　　学号：

<table>
<tr><td colspan="2">实训任务</td><td>材料采集及加工预算定额运用</td><td>成绩</td><td></td></tr>
<tr><td colspan="2">实训目的</td><td colspan="3"></td></tr>
<tr><td rowspan="3">实训内容</td><td>项目</td><td colspan="3">某浆砌块石桥墩，需用大量块石，采用在采石场机械开采块石，试确定其人工、基价的预算定额值。如果该块石是利用开炸路基石方时的捡清块石，试确定其人工、材料及机械的预算定额值。</td></tr>
<tr><td>提示</td><td colspan="3">注意《预算定额》第八章章说明 2 的规定，开炸路基石方的块石需利用时的处理办法。</td></tr>
<tr><td>解答</td><td colspan="3"></td></tr>
<tr><td colspan="2">实训总结</td><td colspan="3"></td></tr>
</table>

实务九

材料运输预算定额运用

一、实训目的与要求

（1）熟悉材料运输预算定额的内容。

（2）掌握材料运输预算定额各章节的说明及运用要点。

（3）学会材料运输预算定额运用的基本方法和要求。

二、实训要点及注意事项

（1）汽车运输项目中因路基不平、土路松软、泥泞、急弯、陡坡而增加的时间消耗，定额内已予考虑。

（2）人力装卸船舶可按人力挑抬运输、手推车运输相应项目定额计算。

（3）所有材料的运输及装卸定额中，均未包括堆、码方工日。

（4）本章定额中未列名称的材料，可按下列规定执行，其中不是以质量计量的应按单位质量进行换算。

① 水按运输沥青、油料定额乘以系数 0.85 计算。

② 与碎石运输定额相同的材料有天然级配、石渣、风化石。

③ 定额中未列的其他材料，一律按水泥运输定额计算。

三、实训范例

试列出下列题目的材料运输预算定额：

（1）1 t 以内机动翻斗车运输生石灰 280 t，运距 12 km；

（2）2 m^3 以内轮式装载机装块石 460 m^3。

【解析】

（1）机动翻斗车运输生石灰，由《预算定额》表［974－9－1－3－15＋16］得：

1 t 以内机动翻斗车：［3.31＋0.29×(12 000－100)/100］×280/100＝105.90（台班）。

（2）2 m^3 以内轮式装载机装块石，由《预算定额》表［991－9－1－10－8］得：

2 m^3 以内轮式装载机：0.22×460/100≈1.01（台班）。

四、上交资料

每人上交实训报告一份。

实 训 报 告

日期：　　　　　班级：　　　　　组别：　　　　　姓名：　　　　　学号：

<table>
<tr><td colspan="2">实训任务</td><td>材料运输预算定额运用</td><td>成绩</td><td></td></tr>
<tr><td colspan="2">实训目的</td><td colspan="3"></td></tr>
<tr><td rowspan="3">实训内容</td><td>项目</td><td colspan="3">（1）装载机装 10 t 以内自卸汽车运输土，运距 8 km。
（2）10 t 以内自卸汽车配装载机运路基土方，运距 8 km。
（3）手扶拖拉机运煤渣 290 m³，运距 800 m。
试列出以上题目的材料运输预算定额，并指出（1）题与（2）题两定额的使用区别。</td></tr>
<tr><td>提示</td><td colspan="3">（1）题与（2）题分别查取定额不同章节的内容。</td></tr>
<tr><td>解答</td><td colspan="3"></td></tr>
<tr><td colspan="2">实训总结</td><td colspan="3"></td></tr>
</table>

实务十

基本定额、材料周转及摊销预算定额运用

一、实训目的与要求

（1）认知基本定额、材料周转及摊销预算定额的内容。
（2）熟悉基本定额、材料周转及摊销预算定额的用途。
（3）掌握基本定额、材料周转及摊销预算定额运用的基本方法和要求。
（4）会运用基本定额、材料周转及摊销预算定额。

二、实训要点及注意事项

（1）附录二中基本定额的主要用途是进行定额抽换和分析分项工程或半成品所需人工、材料、机械等消耗量。

（2）当设计中所规定的工程内容与预算定额中所规定的工作内容、子目或与预算定额表中某序号所列的规格不相符时，则可查用基本定额予以替换。

（3）定额中周转性的材料、模板、支撑、脚手杆、脚手板和挡土板等的数量，已考虑了材料的正常周转次数并计入定额内。其中，就地浇筑钢筋混凝土梁用的支架及拱圈用的拱盔、支架，如确因施工安排达不到规定的周转次数时，可根据具体情况进行换算并按规定计算回收，其余工程一般不予抽换。

（4）定额中列有的混凝土、砂浆的强度等级和用量，其材料用量已按附录中配合比表规定的数量列入定额，不得重算。当设计采用的混凝土、砂浆强度等级或水泥强度等级与定额所列强度等级不同时，可按配合比表进行换算。但实际施工配合比材料用量与定额配合比表用量不同时，除配合比表说明中允许换算者外，均不得调整。混凝土、砂浆配合比表的水泥用量，已综合考虑了采用不同品种水泥的因素，实际施工中不论采用何种水泥，均不得调整定额用量。

（5）定额中各项目的施工机械种类、规格是按一般合理的施工组织确定的，当施工中实际采用机械的种类、规格与定额规定的不同时，一律不得换算。

（6）材料的周转与摊销：《预算定额》附录三中编有“材料的周转及摊销”定额，它的主要用途是规定了各种周转性材料的周转、摊销次数和对达不到规定周转次数的材料定额进行抽换。

（7）按本实训要点及注意事项中第（3）条的规定，对于达不到规定周转次数的材料周转定额，可按下式进行换算：

$$E'=E\cdot K \tag{1-1}$$

式中　E'——实际周转次数的周转性材料定额；

E——定额规定的周转性材料定额；

K——换算系数。

$$K=\frac{n}{n'}$$

式中　n——定额规定的材料周转次数；

n'——实际的材料周转次数。

三、实训范例

【范例一】 某桥梁浆砌块石轻型墩台，采用M12.5砂浆进行砌筑及勾缝，试确定该项目的预算定额。

【解析】

浆砌块石轻型墩台，由《预算定额》表［443—4—5—3—7］可知如下内容：

人工：18.8工日。

材料：

（1）根据《预算定额》第四章桥涵工程第五节说明1的规定，M5、M7.5、M12.5水泥砂浆为砌筑用砂浆；M10、M15水泥砂浆为勾缝用砂浆。由设计知，M12.5水泥砂浆同时用于砌筑和勾缝，根据《预算定额》总说明九的规定应进行抽换。

（2）由《预算定额》附录二“基本定额”［1009—（二）—1—4］查得：每配置1 m^3 M12.5砂浆需32.5级水泥345 kg、中（粗）砂1.07 m^3。

（3）由《预算定额》表［443—4—5—3—7］可知，每砌筑10 m^3块石需砌筑砂浆2.7 m^3和勾缝砂浆0.10 m^3，则抽换后的材料消耗计算如下：

32.5级水泥：345×2.7+345×0.1=966（kg）=0.966（t）；

中（粗）砂：1.07×2.7+1.07×0.1≈3（m^3）。

（4）由表查得的其他材料定额为：

原木0.015 m^3；锯材0.040 m^3；钢管0.006 t；钢钉0.2 kg；8～12号钢丝2.2 kg；水10 m^3；块石10.5 m^3；其他材料费4.2元。

机械：小型机具使用费5.6元。

【范例二】 某高速公路2孔石砌拱桥，墩台高度10 m，需制备满堂式木支架，支架有效宽度8.5 m，试确定其实际周转2次的周转性材料预算定额。

【解析】

（1）桥梁木支架，应查《预算定额》表［633—4—9—3—2］。

（2）查定额，每10 m^2立面积的定额值：原木0.687 m^3；锯材0.069 m^3；铁件10.0 kg；钢钉0.1 kg。

（3）由《预算定额》附录三“材料周转及摊销”定额表查得，支架的周转次数定额值n为：原木、锯材5次，铁件5次，钢钉4次。

（4）实际周转次数$n'=2$，实际周转次数周转性材料的定额值$E'=E\times K$（其中，$K=n/n'$）。

原木：$E'=0.687\times5\div2\approx1.718$（$m^3$）；
锯材：$E'=0.069\times5\div2\approx0.173$（$m^3$）；
铁件：$E'=10.0\times5\div2=25$（kg）；
钢钉：$E'=0.1\times4\div2=0.2$（kg）。

四、上交资料

每人上交实训报告一份。

实 训 报 告

日期：　　　　班级：　　　　组别：　　　　姓名：　　　　学号：

<table>
<tr><td colspan="2">实训任务</td><td>基本定额、材料周转及摊销预算定额运用（一）</td><td>成绩</td><td></td></tr>
<tr><td colspan="2">实训目的</td><td colspan="3"></td></tr>
<tr><td rowspan="3">实训内容</td><td>项目</td><td colspan="3">某桥梁实体式墩台基础，混凝土工程，梁板式上部构造，设计采用 C20 水泥混凝土，试求水泥、中砂、碎石定额用量。</td></tr>
<tr><td>提示</td><td colspan="3">着重考虑混凝土的定额抽换。</td></tr>
<tr><td>解答</td><td colspan="3"></td></tr>
<tr><td colspan="2">实训总结</td><td colspan="3"></td></tr>
</table>

实 训 报 告

日期：　　　　班级：　　　　组别：　　　　姓名：　　　　学号：

<table>
<tr><td colspan="2">实训任务</td><td>基本定额、材料周转及摊销预算定额运用（二）</td><td>成绩</td><td></td></tr>
<tr><td colspan="2">实训目的</td><td colspan="3"></td></tr>
<tr><td rowspan="3">实训内容</td><td>项目</td><td colspan="3">某二级路上的双曲拱桥，跨径 18 m，桁构式木拱盔，试确定周转 3 次的周转性材料的预算定额。</td></tr>
<tr><td>提示</td><td colspan="3">要正确运用周转性材料的公式。</td></tr>
<tr><td>解答</td><td colspan="3"></td></tr>
<tr><td colspan="2">实训总结</td><td colspan="3"></td></tr>
</table>

实 训 报 告

日期：　　　　班级：　　　　组别：　　　　姓名：　　　　学号：

<table>
<tr><td colspan="2">实训任务</td><td>预算定额的综合运用</td><td>成绩</td><td></td></tr>
<tr><td colspan="2">实训目的</td><td colspan="3"></td></tr>
<tr><td rowspan="3">实
训
内
容</td><td>项
目</td><td colspan="3">某一级公路，路面宽 22.5 m，长 67 km，采用 12 m^3 以内自行式铲运机铲运土方 98 000 m^3，Ⅲ类土；路面采用石灰土碎石基层 11 cm，配合比为 6∶14∶80，拌合机拌和；面层为钢纤维混凝土路面，轨道式摊铺机铺筑厚度 15 cm，6 t 以内自卸汽车运输混凝土 4 km；预制、铺筑六边形混凝土边沟 95 m^3，沟底铺 5 cm 砂砾垫层，人工摊铺面积 85 m^2；设现浇混凝土挡土墙 50 m^3，钢筋 2 t。试应用预算定额确定工、料、机消耗量。</td></tr>
<tr><td>提
示</td><td colspan="3">《预算定额》上、下册的交叉应用，每个细目逐一完成。</td></tr>
<tr><td>解
答</td><td colspan="3"></td></tr>
<tr><td colspan="2">实训总结</td><td colspan="3"></td></tr>
</table>

实务十一

路基工程概算定额运用

一、实训目的与要求

（1）熟悉路基工程概算定额的内容。

（2）掌握路基工程概算定额各章节的说明及运用要点。

（3）学会路基工程概算定额运用的基本方法和要求。

二、实训要点及注意事项

（1）路基土石方机械施工定额中，已根据一般路基施工情况，综合了一定比例的因机械达不到而由人工施工的因素，使用定额时，机械施工路段的工程量应全部采用机械施工定额。

（2）各种开炸石方定额中，均已包括清理边坡工作。

（3）抛坍爆破定额中，已根据一般地面横坡的变化情况进行了适当的综合，其工程量按抛坍爆破设计计算。抛坍爆破的石方清运及增运定额，按设计数量乘以（1－抛坍率）编制。

（4）自卸汽车运输路基土、石方定额项目，仅适用于平均运距在 15 km 以内的土、石方运输，当平均运距超过 15 km 时，应按社会运输的有关规定计算其运输费用。当运距超过第一个定额运距单位时，其运距尾数不足一个增运定额单位的半数时不计，等于或超过半数时按一个增运定额运距单位计算。

（5）路基零星工程项目已根据公路工程施工的一般含量综合了整修路拱、整修路基边坡、挖土质台阶、挖截水沟、填前压实以及其他零星回填土方等工程，使用定额时，不得因具体工程的含量不同而变更定额。

（6）路基防护工程定额中未列出的其他结构形式的砌石防护工程，需要时按“桥涵工程”项目的有关定额计算。

（7）路基防护工程定额中除注明者外，均已包括挖基、基础垫层的工程内容。

（8）路基防护工程定额中除注明者外，均已包括按设计要求需要设置的伸缩缝、沉降缝的费用。

（9）路基防护工程定额中除注明者外，均已包括水泥混凝土的拌和费用。

（10）植草护坡定额中均已考虑胶粘剂、保水剂、营养土、肥料、覆盖薄膜等的费用，使用定额时不得另行计算。

（11）工程量计算规则：

① 铺草皮工程量按所铺边坡的坡面面积计算。

② 护坡定额中以 100 m^2或 1 000 m^2为计量单位的子目的工程量按设计需要防护的边坡坡面面积计算。

③ 木笼、竹笼、钢丝笼填石护坡的工程量按填石体积计算。

④ 本节定额砌筑工程的工程量为砌体的实际体积，包括构成砌体的砂浆体积。

⑤ 本节定额预制混凝土构件的工程量为预制构件的实际体积，不包括预制构件中空心部分的体积。

⑥ 预应力锚索的工程量为锚索（钢绞线）长度与工作长度的质量之和。

⑦ 加筋土挡土墙及现浇锚碇板式挡土墙的工程量为墙体混凝土的体积。加筋土挡土墙墙体混凝土体积为混凝土面板、基础垫板及檐板的体积之和。现浇锚碇板式挡土墙墙体混凝土体积为墙体现浇混凝土的体积，定额中已综合了锚碇板的数量，使用定额时不得将锚碇板的数量计入工程量内。

⑧ 抗滑桩挖孔工程量按护壁外缘所包围的面积乘设计孔深计算。

（12）土工布的铺设面积为锚固沟外边缘所包围的面积，包括锚固沟的底面积和侧面积。定额中不包括排水内容，需要时另行计算。

（13）强夯定额适用于处理松、软的碎石土、砂土，低饱和度的粉土与黏性土，湿陷性黄土、杂填土和素填土等地基。定额中已综合考虑夯坑的排水费用，使用定额时不得另行增加费用。夯击遍数应根据地基土的性质来设计确定，低能量满夯不能作为夯击遍数计算。

（14）堆载预压定额中包括了堆载四面的放坡、沉降观测、修坡道增加的工、料、机消耗以及施工中测量放线、定位的工、料消耗，使用定额时均不得另行计算。

（15）软土地基垫层的工程量为设计体积。

（16）抛石挤淤的工程量为设计抛石体积。

（17）路基填土掺灰的工程量为需进行处理的填土的压实体积。

三、实训范例

某二级公路，人工挖运土方，Ⅱ类土，运距 180 m，下山坡度为 6%，配合手扶拖拉机运输，求人工消耗。

【解析】

（1）确定《概算定额》表号为[5－1－1－2－2＋4]。

（2）确定运距。

根据附注 3，降坡 6%，每降 1 m，增加运距 5 m。

降低的高度：180×6%＝10.8（m）；

总运距：180＋(10.8×5)＝234（m）；

（3）人工：206.6－42＋12.8×(234－40)/10＝412.92（工日）。

注：工程中所说的运距是指测量所得的水平距离，并不包括由坡度而增加的运距，因此在运输距离的计算中要尤其重视坡度问题。

四、上交资料

每人上交实训报告一份。

实 训 报 告

日期：　　　　班级：　　　　组别：　　　　姓名：　　　　学号：

实训任务	路基工程概算定额运用	成绩	
实训目的			

实训内容

项目

某一级公路路基工程，全长 80 km，按设计断面计算的填缺为 178 660 000 m^3，远运利用方 95 000 m^3，平均填土高度为 7 m，宽填厚度为 0.25 m，路基平均占地宽 40 m，路基占地及取土坑均为耕地，土质为Ⅱ类土。采用 1 m^3 以内单斗挖掘机装土方，平均挖深 2.2 m，填前以 12 t 压路机压实耕地。试问：填前压实增加土方量为多少？路基宽填增加土方量为多少？总计计价土方量（压实方）为多少？挖掘机挖装借方作业的工、料、机消耗量为多少？

提示

（1）确定土质类型。

（2）因宽填路基而增加的土方量。

宽填土方量＝路基填方长度×路基平均填土高度×宽填宽度×2（侧）

（3）因填前压实耕地增加的土方量。

$$Q=F\times h$$

式中　Q——压（夯）实增加的填方数量（m^3）；

F——填前压（夯）实的天然土的地面面积（m^2）；

h——压实产生的沉降量（m）。

$$h=0.01\times p\div c$$

式中　p——压路机有效作用力（kN/cm^2），12～15 t 压路机的有效作用力一般按 6.6 kN/cm^2 计；

c——土的抗沉陷系数（kN/cm^3），其经验数值见表 1-2。

表 1-2　各种原状土的 c 值参考表

原状土名称	$c/(kN\cdot cm^{-3})$	原状土名称	$c/(kN\cdot cm^{-3})$	原状土名称	$c/(kN\cdot cm^{-3})$
沼泽土	1.0～1.5	松砂、松湿黏土、耕土	2.5～3.5	坚实的黏土	10.0～12.5
凝滞土、细粒砂	1.8～2.5	大块胶结的砂、潮湿黏土	3.5～6.0	泥灰石	13.0～18.0

（4）总计价土方量（压实方）。

计价方＝挖方（天然方）＋借方（压实方）

或　计价方＝挖方（天然方）＋填方（压实方）－利用方（压实方）

（5）挖掘机挖装借方作业所需工、料、机消耗量。

续表

实训内容	解答	
实训总结		

实务十二

路面工程概算定额运用

一、实训目的与要求

（1）明确路面工程概算定额的内容。

（2）分析路面工程概算定额各章节的说明及运用要点。

（3）学会路面工程概算定额运用的基本方法和要求。

（4）会查用路面工程概算定额。

二、实训要点及注意事项

（1）各类稳定土基层和级配碎石、级配砾石基层的压实厚度在 15 cm 以内，填隙碎石一层的压实厚度在 12 cm 以内，垫层、其他种类的基层和底基层压实厚度在 20 cm 以内，拖拉机、平地机和压路机的台班消耗按定额数量计算。当超过上述压实厚度进行分层拌和、碾压时，拖拉机、平地机和压路机的台班消耗按定额数量加倍计算，每 1 000 m^2增加 3 个工日。

（2）人工沿路翻拌和筛拌稳定土混合料定额中均已包括土的过筛工消耗，因此，土的预算价格中不应再计算过筛费用。

（3）路面基层及垫层定额中土的预算价格，按材料采集及加工和材料运输定额中的有关项目计算。

（4）各类稳定土基层定额中的碎石土、砂砾土，是指天然碎石土和天然砂砾土。

（5）各类稳定土底基层采用稳定土基层定额时，每 1 000 m^2路面减少 12～15 t 光轮压路机 0.18 台班。

（6）泥结碎石、级配碎石、级配砾石、天然砂砾、粒料改善土壤路面面层的压实厚度在 15 cm 以内，拖拉机、平地机和压路机的台班消耗按定额数量计算。当超过上述压实厚度进行分层拌和、碾压时，拖拉机、平地机和压路机的台班消耗按定额数量加倍计算，每 1 000 m^2增加 3 个工日。

（7）泥结碎石及级配碎石、级配砾石面层定额中，均未包括磨耗层和保护层，需要时应按磨耗层和保护层定额另行计算。

（8）沥青表面处治路面、沥青贯入式路面和沥青上拌下贯式路面的下贯层以及透层、黏层、封层定额中已计入热化、熬制沥青用的锅、灶等设备的费用，使用定额时，不得另行计算。

（9）沥青路面定额中均未包括透层、黏层和封层，需要时可按有关定额另行计算。

(10) 沥青路面定额中的乳化沥青和改性沥青，均按外购成品料进行编制；当在现场自行配制时，其配制费用计入材料预算价格中。

(11) 当沥青玛𤧛脂碎石混合料设计采用的纤维稳定剂的掺加比例与定额不同时，可按设计用量调整定额中纤维稳定剂的消耗。

(12) 沥青路面定额中，均未考虑为保证石料与沥青的黏附性而采用的抗剥离措施的费用。需要时，应根据石料的性质，按设计提出的抗剥离措施计算其费用。

(13) 在冬五区、冬六区采用层铺法施工沥青路面时，其沥青用量可按定额用量乘以以下系数：沥青表面处治 1.05；沥青贯入式基层或联结层 1.02；面层 1.028；沥青上拌下贯式下贯部分 1.043。

(14) 过水路面定额是按双车道路面宽 7.5 m 进行编制的，当设计为单车道时，定额应乘以系数 0.8。

(15) 整修和挖除旧路面按设计提出的需要整修的旧路面面积和需要挖除的旧路面体积计算。

(16) 整修旧路面定额中，砂石路面均按整修厚度 6.5 cm 计算，沥青表处面层按整修厚度 2 cm 计算，沥青混凝土面层按整修厚度 4 cm 计算，路面基层的整修厚度均按 6.5 cm 计算。

(17) 硬路肩工程项目，根据其不同设计层次结构，分别采用不同的路面定额项目进行计算。

(18) 铺砌水泥混凝土预制块人行道、路缘石、沥青路面镶边和土硬路肩加固定额中，均已包括水泥混凝土预制块的预制，使用定额时不得另行计算。

三、实训范例

某水泥石灰砂砾稳定土路面基层工程，采用路拌法，拖拉机带铧犁拌和施工，定额标明的配合比为 5∶5∶90，设计配合比为 4.5∶6.5∶89，设计厚度 18 cm，试确定水泥、石灰、砂砾的概算定额值。

【解析】

根据《概算定额》第二章第一节节说明 2 的规定，并查定额表[132－2－1－6(Ⅱ)－13＋14×3]，计算相关材料的概算定额值如下所示：

水泥：[25.8＋1.3×(18－15)]×4.5/5＝26.73 (t)；

石灰：[15.759＋1.051×(18－15)]×6.5/5.0＝24.59 (t)；

砂砾：[179.71＋11.98×(18－15)]×89/90＝213.25 (m^3)。

注：在运用定额的过程中，经常会遇到设计文件中所要求的内容、规格与定额表中不相符的情况，在定额说明允许的情况下，可查用相应定额或基本定额予以替换。

四、上交资料

每人上交实训报告一份。

实 训 报 告

日期：　　　　班级：　　　　组别：　　　　姓名：　　　　学号：

<table>
<tr><td colspan="2">实训任务</td><td>路面工程概算定额运用</td><td>成绩</td><td></td></tr>
<tr><td colspan="2">实训目的</td><td colspan="3"></td></tr>
<tr><td rowspan="3">实
训
内
容</td><td>项
目</td><td colspan="3">某路面工程，石灰土砂砾基层，厂拌法拌和，设计配合比为5∶12∶83，设计厚度13 cm，试确定石灰、土、砂砾的概算定额值。</td></tr>
<tr><td>提
示</td><td colspan="3">混合料配合比抽换时，只需换算设计比例发生变化的材料，与定额比例相同的材料无须另行抽换。</td></tr>
<tr><td>解
答</td><td colspan="3"></td></tr>
<tr><td colspan="2">实训总结</td><td colspan="3"></td></tr>
</table>

实务十三

隧道工程概算定额运用

一、实训目的与要求

（1）明确隧道工程概算定额的内容。

（2）分析隧道工程概算定额各章节的说明及运用要点。

（3）学会隧道工程概算定额运用的基本方法和要求。

（4）会查用隧道工程概算定额。

二、实训要点及注意事项

（1）定额所指隧道长度均指隧道进出口（含与隧道相连的明洞）洞门端墙墙面之间的距离，即两端端墙面与路面的交线和路线中线交点间的距离。双线隧道按上、下行隧道长度的平均值计算。

（2）洞身开挖工程量按设计断面数量（成洞断面加衬砌断面）计算，包含洞身及所有附属洞室的数量，定额中已考虑超挖因素，不得将超挖数量计入工程量。

（3）现浇混凝土衬砌中浇筑、运输的工程数量，均按设计断面衬砌数量计算，包含洞身及所有附属洞室的衬砌数量。定额中已综合因超挖及预留变形需回填的混凝土数量，不得将上述因素的工程量计入计价工程量中。

（4）防水板、明洞防水层的工程数量按设计敷设面积计算。

（5）止水带（条）、盲沟、透水管的工程数量，均按设计数量计算。

（6）拱顶压浆的工程数量按设计数量计算，设计时可按每延长米 0.25 m^3综合考虑。

（7）喷射混凝土的工程量按设计厚度乘以喷射面积计算，喷射面积按设计外轮廓线计算。

（8）格栅钢架、型钢钢架工程数量按钢架的设计数量计算。

（9）管棚、小导管的工程量按设计钢管长度计算。当管径与定额不同时，可调整定额中钢管的消耗量。

（10）横向塑料排水管每处为单洞两侧的工程数量；纵向弹簧管按隧道纵向每侧铺设长度之和计算；环向盲沟按隧道横断面敷设长度计算。

（11）定额不包括下列项目，需要时可采用《预算定额》中的有关项目处理：

① 半隧道开挖。

② 洞内施工排水。

③ 斜井洞内施工排水。

（12）隧道和明洞洞门，均采用本定额。

（13）洞门墙工程量为主墙和翼墙等圬工体积之和。仰坡、截水沟等应按有关定额另行计算。

（14）洞门工程定额的工程量均按设计工程数量计算。

（15）斜井、竖井项目定额中已综合了出渣、通风及管线路。

（16）斜井相关定额项目是按斜井长度 800 m 以内综合编制。

（17）斜井支护按正洞相关定额计算。

（18）工程量计算规则：

① 开挖工程量按设计断面数量（成洞断面加衬砌断面）计算，定额中已考虑超挖因素，不得将超挖数量计入工程量。

② 现浇混凝土衬砌工程数量均按设计断面衬砌数量计算。

③ 锚杆工程量为锚杆、垫板及螺母等材料质量之和。

（19）定额中不含通风机、消火栓、消防水泵接合器、水流指示器、电气信号装置、气压水罐、泡沫比例混合器、自动松针系统装置、防火门等的购置费用，应按规定列入概算的第二部分“设备及工具、器具购置费”中。

（20）通风机预埋件按设计所示为完成通风机安装而需预埋的一切金属构件的质量计算工程数量，包括钢拱架、通风机拱部钢筋、通风机支座及各部分连接件等。

（21）洞内预埋件工程量按设计预埋件的敷设长度计算，定额中已综合了预留导线的数量。

三、实训范例

某隧道工程，围岩为Ⅳ级，隧道长 5 000 m，采用机械开挖、自卸汽车运输施工，洞内路面需做砂砾垫层，厚度 15 cm，人工铺料。试确定开挖隧道的人工、硝铵炸药、机械台班及洞内路面垫层材料定额用量。

【解析】

（1）隧道正洞开挖。根据《概算定额》第三章章说明 8 第 2 条的规定，隧道洞内工程项目如采用其他章节的有关项目，所采用定额的人工工日、机械台班数量及小型机具使用费应乘以系数 1.26。查定额表［246－3－1－3－22＋28］，计算如下：

人工：107.5×1.26＋4＝139.45（工日）；

硝铵炸药：76.7 kg；

2 m^3 以内轮胎式装载机：0.36×1.26≈0.45（台班）；

气腿式凿岩机：3.63×1.26＋0.06＝4.63（台班）；

12 t 以内自卸汽车：1.44×1.26＋0.14＝1.95（台班）；

10 m^3/min 以内电动空压机：0.23×1.26＋0.01＝0.30（台班）；

20 m^3/min 以内电动空压机：1.15×1.26＋0.01＝1.46（台班）；

2 132 m^3/min 以内离心式通风机：1.34×1.26＋0.12＝1.81（台班）。

（2）洞内路面垫层。查《概算定额》表［107－2－1－1－2］得：

水：19 m^3；

砂砾：191.25 m^3。

注：在应用定额过程中，不同章节的内容经常是交叉使用的。因此在实训中，要注意查找定额工作的全面、细致。

四、上交资料

每人上交实训报告一份。

实 训 报 告

日期：　　　　　　班级：　　　　　　组别：　　　　　　姓名：　　　　　　学号：

<table>
<tr><td colspan="2">实训任务</td><td>隧道工程概算定额运用</td><td>成绩</td><td></td></tr>
<tr><td colspan="2">实训目的</td><td colspan="3"></td></tr>
<tr><td rowspan="3">实训内容</td><td>项目</td><td colspan="3">某隧道工程，围岩Ⅱ级，采用人工开挖，工程量 13 000 m^3，手推车运输，运距 80 m，现浇混凝土衬砌，其中模架 110 m^3，仰拱 625 m^3，仰拱回填 47 m^3，中隔墙 133 m^3，钢筋 345 t，3 m^3混凝土运输车运距 1.8 km，求人工、材料、机械消耗量。</td></tr>
<tr><td>提示</td><td colspan="3">分别计算混凝土的浇筑和运输两个问题。</td></tr>
<tr><td>解答</td><td colspan="3"></td></tr>
<tr><td colspan="2">实训总结</td><td colspan="3"></td></tr>
</table>

实务十四

涵洞工程概算定额运用

一、实训目的与要求

（1）认知涵洞工程概算定额的内容。

（2）熟悉涵洞工程概算定额的章说明及运用要点。

（3）学会涵洞工程概算定额运用的基本方法和要求。

（4）会查用涵洞工程概算定额。

二、实训要点及注意事项

（1）定额按常用的结构分为石盖板涵、石拱涵、钢筋混凝土圆管涵、钢筋混凝土盖板涵、钢筋混凝土箱涵五类，并适用于同类型的通道工程。如为其他类型，可参照有关定额进行编制。

（2）定额中均未包括混凝土的拌和与运输，应根据施工组织按桥涵工程的相关定额进行计算。

（3）为了满足不同情况的需要，定额中除按涵洞洞身、洞口编制分项定额外，还编制了扩大定额。一般公路应尽量使用分项定额编制，厂矿、林业道路不能提供具体工程数量时，可使用扩大定额编制。

（4）各类涵洞定额中均不包括涵洞顶上及台背填土、涵上路面等工程内容，这部分工程量应包括在路基、路面工程数量中。

（5）涵洞洞身定额中已按不同结构分别计入了拱盔、支架和安装设备以及其他附属设施等。为了计算方便，已将涵洞基础开挖需要的全部水泵台班计入洞身定额中，洞口工程不得另行计算。

（6）定额中涵洞洞口按一般标准洞口计算。遇有特殊洞口时，可根据圬工实体数量，套用石砌洞口定额计算。

（7）定额中圆管涵的管径为外径。

（8）涵洞扩大定额按每道单孔和取定涵长计算。当涵长与定额中涵长不同时，可用每增减 1 m 定额进行调整；当为双孔时，可按调整好的单孔定额乘以表 1-3 中的系数。

表 1-3　系数

结构类型	石盖板涵	钢筋混凝土圆管涵	石拱涵	钢筋混凝土盖板涵
双孔系数	1.6	1.8	1.5	1.6

三、实训范例

某双孔石盖板涵，跨径 1.25 m，涵长 15 m，求 1 道涵洞的人工、石料的用量。

【解析】

根据第四章说明 9，双孔盖板涵的计算要在单孔的基础上乘系数。由《概算定额》表［313－4－1－3－(3＋8×2)］可得如下内容：

人工：141.8＋6.7×2＝155.2（工日）；

片石：32.89＋1.73×2＝36.35（m^3）；

块石：21.0＋1.16×2＝23.32（m^3）；

盖板石：5.5＋0.4×2＝6.3（m^3）；

粗料石：0.18 m^3。

注：在实训项目中，所有条件都要考虑周全，如单孔、双孔的定额是有区别的。

四、上交资料

每人上交实训报告一份。

实　训　报　告

日期：　　　　班级：　　　　组别：　　　　姓名：　　　　学号：

<table>
<tr><td colspan="2">实训任务</td><td>涵洞工程概算定额运用</td><td>成绩</td><td></td></tr>
<tr><td colspan="2">实训目的</td><td colspan="3"></td></tr>
<tr><td rowspan="3">实训内容</td><td>项目</td><td colspan="3">钢筋混凝土圆管涵，采用普通钢筋，内径 1.5 m，厚 12 cm，求人工、光圆钢筋的定额值。</td></tr>
<tr><td>提示</td><td colspan="3">注意关于圆管涵尺寸规格的说明。</td></tr>
<tr><td>解答</td><td colspan="3"></td></tr>
<tr><td colspan="2">实训总结</td><td colspan="3"></td></tr>
</table>

实务十五

桥梁工程概算定额运用

一、实训目的与要求

（1）认知桥梁工程概算定额的内容。

（2）熟悉桥梁工程概算定额各章节的说明及运用要点。

（3）学会桥梁工程概算定额运用的基本方法和要求。

（4）会查用桥梁工程概算定额。

二、实训要点及注意事项

（1）现浇混凝土、预制混凝土的工程量为构筑物或预制构件的实际体积，不包括其中空心部分的体积，钢筋混凝土项目的工程量不扣除钢筋所占体积。

（2）钢筋工程量为钢筋的设计质量，定额中已计入施工操作损耗。钢筋设计按施工现场接长考虑时，其钢筋所需的搭接长度的数量本章定额中未计入，应在钢筋的设计质量内计算。

（3）围堰、筑岛高度按平均施工水深加 50 cm 进行计算。围堰长度按围堰中心长度计算。筑岛工程量按筑岛体积计算。

（4）钢板桩围堰的工程量按设计需要的钢板桩质量计算。

（5）套箱围堰的工程数量为套箱金属结构的质量，套箱整体下沉时悬吊平台的钢结构及套箱内支撑的钢结构均已综合在定额中，不得作为套箱工程量进行计算。

（6）开挖基坑的工程量应根据设计图纸、地质情况、施工规范确定基坑边坡后，按基坑容积计算。定额中已综合了集水井、排水沟、基坑回填、夯实等内容，使用定额时不得将上述项目计入工程量内。

（7）天然地基上的基础的工程量按基础、支撑梁、河床铺砌及隔水墙工程量的总和计算。

（8）沉井制作的工程量：重力式沉井为设计图纸井壁及隔墙混凝土数量；钢丝网水泥薄壁沉井为刃脚及骨架钢材的质量，但不包括钢丝网的质量；钢壳沉井的工程量为钢材的设计总质量。

（9）锚碇系统定额的工程量指锚碇的数量，按施工组织设计的需要量计算。

（10）沉井下沉定额的工程量按沉井刃脚外边缘所包围的面积乘以沉井刃脚下沉入土深度计算。沉井下沉按土、石所在的不同深度，分别采用不同的下沉深度的定额。定额中的下沉深度，指沉井顶面到作业面的高度。定额中已综合溢流（翻砂）的数量，不得另加工程量。

（11）沉井填塞的工程量：实心的为封底、填芯、封顶的工程量总和；空心的为封底、封顶的工程量总和。

（12）地下连续墙导墙的工程量按设计需要设置的导墙的混凝土体积计算；成槽和墙体混凝土的工程量按地下连续墙设计长度、厚度和深度的乘积计算；锁口管吊拔和清底置换的工程量按地下连续墙的设计槽段数（指槽壁单元槽段）计算；内衬的工程量按设计需要设置的内衬的混凝土体积计算。

（13）人工挖孔的工程量按护筒（护壁）外缘所包围的面积乘设计孔深计算。

（14）灌注桩成孔工程量按设计入土深度计算。定额中的孔深指护筒顶至桩底（设计标高）的深度。造孔定额中同一孔内的不同土质，不论其所在的深度如何，均采用总孔深定额。

（15）灌注桩混凝土的工程量按设计桩径断面面积乘设计桩长计算，不得将扩孔因素和凿除桩头数量计入工程量内。

（16）灌注桩工作平台的工程量按施工组织设计需要的面积计算。

（17）墩台的工程量为墩台身、墩台帽、支座垫石、拱座、盖梁、系梁、侧墙、翼墙、耳墙、墙背、填平层、腹拱圈、桥台第二层以下的帽石（有人行道时为第一层以下的帽石）的工程量之和。

（18）桥台锥形护坡的工程量为一座桥台，定额中已包括锥坡铺砌、锥坡基础、水平铺砌的工程量；柱式和埋置式桥台还包括台前护坡的工程量。

（19）索塔的工程量：塔墩固结的为基础顶面或承台顶面以上至塔顶的全部工程量之和；塔墩分离的为桥面顶以上至塔顶的全部工程量之和；桥面顶以下部分的工程量按墩台定额计算。

（20）索塔锚固套筒定额中已综合加劲钢板和钢筋的数量，其工程量以锚固套筒钢管的质量计算。

（21）索塔钢锚箱的工程量为钢锚箱钢板、剪力钉、定位件的质量之和。

（22）斜拉桥混凝土箱梁锚固套筒定额中已综合加劲钢板和钢筋的数量，其工程量以混凝土箱梁中锚固套筒钢管的质量计算。

（23）钢格栅的工程量以钢格栅和反力架的质量之和计算。

（24）主索鞍的质量包括承板、鞍体、安装板、挡块、槽盖、拉杆、隔板、锚梁、锌质填块的质量；散索鞍的质量包括底板、底座、承板、鞍体、压紧梁、隔板、拉杆、锌质填块的质量。

（25）牵引系统长度为牵引系统所需的单侧长度，以 m 为单位计算。

（26）猫道系统长度为猫道系统的单侧长度，以 m 为单位计算。

（27）索夹质量包括索夹主体、螺母、螺杆、防水螺母、球面垫圈的质量，以 t 为单位计算。

（28）紧缆的工程量为主缆长度扣除锚跨区、塔顶区无须紧缆的主缆长度后的单侧长度，以 m 为单位计算。

（29）钢箱梁的质量为钢箱梁（包括箱梁内横隔板）、桥面板（包括横肋）、横梁、钢锚箱质量之和。如为钢-混混合梁结构，其结合部的剪力钉质量也应计入钢箱梁质量内。

（30）钢管拱肋的工程量以设计质量计算，包括拱肋钢管、横撑、腹板、拱脚处外侧钢板、拱脚接头钢板及各种加劲块的质量。不包括支座和钢拱肋内混凝土的质量。

（31）安装板式橡胶支座的工程量按支座的设计体积计算。至于锚栓、梁上的钢筋网、铁件等，均已综合在定额内。

（32）桥梁支架定额单位的立面积为桥梁净跨径乘以高度，拱桥高度为起拱线以下至地面的高度，梁式桥高度为墩、台帽顶至地面的高度，这里的地面指支架地梁的底面。

（33）钢筋定额中光圆钢筋与带肋钢筋的比例关系与设计图纸不同时，可据实调整。

（34）制作、张拉预应力钢筋、钢丝束定额，是按不同的锚头形式分别编制的。当每吨钢丝的束数或每吨钢筋的根数有变化时，可根据定额进行抽换。定额中的“××锚”是指金属加工部件的质量，锚头所用其他材料已分别列入定额中有关材料或其他材料费内。定额中的束长为一次张拉的长度。

（35）预应力钢筋、钢丝束及钢绞线定额均已包括制束、穿束、张拉，波纹管制作、安装或胶管预留孔道、孔道压浆等的工、料、机消耗量。锚垫板、螺旋筋含在锚具单价中。使用定额时，上述项目不得另行计算。

三、实训范例

某预应力混凝土箱梁预制工程，设计规定采用锥形锚，胶皮管成孔，钢筋为 10 t/75 束。试列出预应力钢丝束制作、张拉的概算定额。

【解析】

（1）根据《概算定额》第五章桥梁工程第四节节说明 2，当每吨钢筋根数与定额规定不符时，可根据定额进行抽换。

（2）查《概算定额》表［654－5－4－2－（1－2×5）］（定额单位为 10 t 预应力钢丝束），根据提示，钢筋为 10 t/75 束，与定额所列 10 t/80 束不符，故其计算如下所示：

人工：378.5－(80－75)×1.8＝369.5（工日）。

材料的计算如下：

光圆钢筋：0.073－(80－75)×0.001＝0.068（t）；

高强度钢丝：10.4 t；

电焊条：2.7 kg；

弗氏锚具：956.4－(80－75)×12.2＝895.4（kg）；

铁件：29.5－(80－75)×0.4＝27.5（kg）；

20～22 号钢丝：20.5 kg；

镀锌薄钢板：13.8－(80－75)×0.2＝12.8（kg）；

胶管：49 m；

32.5 级水泥：6.292 t；

水：5 m^3；

其他材料费：56.0－(80－75)×0.7＝52.5（元）。

机械的计算如下：

90 t 以内预应力拉伸机：26.56－(80－75)×0.34＝24.86（台班）；

50 kN 以内单筒慢速卷扬机：20.78 台班；

32 kV·A 以内交流电焊机：1.25－(80－75)×0.02＝1.15（台班）；

小型机具使用费：221.4－(80－75)×0.6＝218.4（元）。
注：由钢筋根数的抽换了解预应力钢丝束制作、张拉的工艺。

四、上交资料

每人上交实训报告一份。

实 训 报 告

日期：　　　　班级：　　　　组别：　　　　姓名：　　　　学号：

<table>
<tr><td colspan="2">实训任务</td><td>桥梁工程概算定额运用</td><td>成绩</td><td></td></tr>
<tr><td colspan="2">实训目的</td><td colspan="3"></td></tr>
<tr><td rowspan="3">实
训
内
容</td><td>项
目</td><td colspan="3">某桥预制构件厂预制等截面连续箱梁，梁长 15 m，宽 3 m，泵送混凝土，共 10 个底座，试计算预制等截面连续箱梁的人工、水泥用量和养生 10 片梁所需的蒸汽养生室建筑人工、水泥用量。</td></tr>
<tr><td>提
示</td><td colspan="3">（1）查取预制等截面连续箱梁的定额。
（2）根据章节说明计算养生室面积，进而计算养生室建筑人工、水泥用量。</td></tr>
<tr><td>解
答</td><td colspan="3"></td></tr>
<tr><td colspan="2">实训总结</td><td colspan="3"></td></tr>
</table>

实务十六

交通工程及沿线设施概算定额运用

一、实训目的与要求

（1）熟悉交通工程及沿线设施工程概算定额的内容。

（2）掌握交通工程及沿线设施工程概算定额各章节的说明及运用要点。

（3）学会交通工程及沿线设施工程概算定额运用的基本方法和要求。

二、实训要点及注意事项

（1）波形钢板护栏及隔离栅的工程量为两端立柱中心间的距离。

（2）中间带及车道分离块项目中，路缘带的工程量为路缘带起讫点间的距离；隔离墩、钢管栏杆及防眩板的工程量为隔离墩的实际设置长度；车道分离块的工程量为实际设置长度。

（3）路面标线按画线的净面积计算。

（4）机械铺筑拦水带的工程量为拦水带的铺筑长度。

（5）计算机系统可靠性、稳定性运行是按计算机系统 24 h 连续计算确定的。超过要求时，其费用另行计算。

（6）收费岛现浇混凝土工程量按岛身、收费亭基础、收费岛敷设穿线钢管水泥混凝土垫层、防撞柱水泥混凝土基础、配电箱水泥混凝土基础和控制箱水泥混凝土基础体积之和计算。

（7）收费岛钢筋工程数量按收费岛、收费亭基础的钢筋数量之和计算。

（8）设备基础混凝土工程量按设备水泥混凝土基础体积计算。

（9）镀锌防撞护栏中的工程量按镀锌防撞护栏的质量计算。

（10）钢管防撞柱的工程量按钢管防撞柱的质量计算。

（11）布放电缆定额只适用于在电缆走道、槽道及机房内地槽中布放。

（12）安装通信天线，不论有无操作平台均执行本定额；安装天线的高度，均指天线底部距塔（杆）座的高度。

（13）通信管道定额中不包括管道过桥时的托架和管箱等工程内容，应按相关定额另行计算；挖管沟本定额也未包括，应按“路基工程”项目人工挖运土方定额计算。

（14）硅芯管敷设定额已综合标石的制作及埋放、入孔处的包封等，使用定额时不得另行计算。

（15）镀锌钢管敷设定额中已综合接口处套管的切割、焊接、防锈处理等内容，使用定额时不得另行计算。

(16) 敷设通信管道和通信管道包封均按管道（不含桥梁）长度计算。

(17) 干式变压器如果带有保护外罩，人工和机械乘以系数1.2。

(18) 变压器油是按设备自带考虑的，但施工中变压器油的过滤损耗及操作损耗已包括在定额中。变压器安装过程中放注油、油过滤所使用的油罐，已摊入油过滤定额中。

(19) 高压成套配电柜中断路器安装定额是综合考虑的，不分容量大小，也不包括母线配制及设备干燥。

(20) 控制设备安装未包括支架的制作和安装，需要时可按相关定额另行计算。

(21) 送配电设备系统调试包括系统内的电缆试验、瓷瓶耐压等全套调试工作。供电桥回路中的断路器、母线分段断路器皆作为独立的供电系统计算，定额皆按一个系统一侧配一台断路器考虑。若两侧皆有断路器，则按两个系统计算。如果分配电箱内只有刀开关、熔断器等不含调试元件的供电回路，则不再作为调试系统计算。

(22) 镀锌钢管法兰连接定额中，管件是按成品、弯头两端是按短管焊法兰考虑的，包括直管、管件、法兰等全部安装工序内容。

(23) 接地装置是按变配电系统接地、车间接地和设备接地等工业设施接地编制的。定额中未包括接地电阻率高的土质换土和化学处理的土壤及由此发生的接地电阻测试等费用，需要时应另行计算。

(24) 给水管道：室内外界线以建筑物外墙皮1.5 m为界，入口处设阀门者以阀门为界；与市政管道界线以水表井为界。无水表井者，以与市政管道碰头点为界。

(25) 配管的工程量计算不扣除管路中的接线箱（盒）、灯盒、开关盒所占的长度。

三、实训范例

某公路沿线水平敷设铜芯电缆3 800 m，电缆截面面积110 mm^2，求人工、电缆的使用量。

【解析】

由《概算定额》表［772－6－5－15－2］得：

人工：128×3 800/1 000＝486.4（工日）；

电缆：1 010×3 800/1 000＝3 838（m）。

四、上交资料

每人上交实训报告一份。

实 训 报 告

日期：　　　　班级：　　　　组别：　　　　姓名：　　　　学号：

<table>
<tr><td colspan="2">实训任务</td><td>交通工程及沿线设施概算定额运用</td><td>成绩</td><td></td></tr>
<tr><td colspan="2">实训目的</td><td colspan="3"></td></tr>
<tr><td rowspan="3">实训内容</td><td>项目</td><td colspan="3">某一级公路长 35 km，设百米桩，求人工、光圆钢筋、油漆用量。</td></tr>
<tr><td>提示</td><td colspan="3">注意准确确定百米桩的块数。</td></tr>
<tr><td>解答</td><td colspan="3"></td></tr>
<tr><td colspan="2">实训总结</td><td colspan="3"></td></tr>
</table>

实务十七

临时工程概算定额运用

一、实训目的与要求

（1）认知临时工程概算定额的内容。

（2）熟悉临时工程概算定额各章节的说明及运用要点。

（3）掌握临时工程概算定额运用的基本方法和要求。

（4）会运用临时工程概算定额。

二、实训要点及注意事项

（1）本章定额包括汽车便道，临时便桥，临时码头，轨道铺设，架设输电、电信线路，人工夯打小圆木桩六个项目。

（2）汽车便道按路基宽度为 7.0 m 和 4.5 m 分别编制，便道路面宽度按 6.0 m 和 3.5 m 分别编制，路基宽度 4.5 m 的定额中已包括错车道的设置。汽车便道项目中未包括便道使用期内养护所需的工、料、机数量。如便道使用期内需要养护，使用定额时，可根据施工期按表 1-4 增加数量。

表 1-4　需要养护时增加的工、料、机数量　　km・月

序号	项目	单位	代号	汽车便道路基宽度/m	
				7.0	4.5
1	人工	工日	1	3.0	2.0
2	天然级配	m^3	908	18.00	10.80
3	6～8 t 光轮压路机	台班	1075	2.20	1.32

（3）临时汽车便桥载重按汽车－15 级、桥面净宽 4 m、单孔跨径 21 m 编制。

（4）重力式砌石码头定额中不包括拆除的工程内容，需要时可按“桥涵工程”项目的“拆除旧建筑物”定额另行计算。

（5）轨道铺设定额中轻轨（11 kg/m，15 kg/m）部分未考虑道渣，轨距为 75 cm，枕距为 80 cm，枕长为 1.2 m；重轨（32 kg/m）部分轨距为 1.435 m，枕距为 80 cm，枕长为 2.5 m，岔枕长为 3.35 m，并考虑了道渣铺筑。

（6）人工夯打小圆木桩的土质划分及桩入土深度的计算方法与打桩工程相同。圆木桩的体积，根据设计桩长和梢径（小头直径），按木材材积表计算。

（7）本章定额中便桥，输电、电信线路的木料、电线的材料消耗均按一次使用量计列，使用定额时应按规定计算回收；其他各项定额分不同情况，按其周转次数摊入材料数量。

三、实训范例

某工程施工需临时钢便桥 1 座，桥长 149 m，桩长 10 m 以内，试求其概算定额的工、料、机消耗（设备使用期为 5 个月）。

【解析】

由《概算定额》第七章章说明 3 可知，该便桥长 149 m，而定额是以单孔跨径 21 m 编制的，故该桥应设 149÷21≈7 座，而实际桥墩数量应为 7＋1＝8 座，又由概算定额 816 页备注 1 中可知，设备摊销费按 4 个月编制，该项目为 5 个月应调整。

根据《概算定额》表［815－7－1－2－1＋2］查得：

人工：47.6×149÷10＋2.4×8＝728.44（工日）；

原木：0.171×149÷10＋0.211×8≈4.236（m^3）；

锯材：5.165×149÷10＋0.111×8≈77.847（m^3）；

型钢：0.09×8＝0.72（t）；

电焊条：1.4×8＝11.2（kg）；

钢管桩：0.152×8＝1.216（t）；

铁件：16.1×149÷10＋13.3×8≈346.3（kg）；

其他材料费：384×149÷10＋6.3×8＝5 772（元）；

设备摊销费：2 353.3×5÷4×149÷10≈43 830.2（元）；

8 t 以内轮胎式起重机：0.12×8＝0.96（台班）；

50 kN 以内单筒慢动卷扬机：3.08×149÷10≈45.89（台班）；

300 kN 以内振动打拔桩锤：0.28×8＝2.24（台班）；

32 kV·A 以内交流电弧焊机：0.19×8＝1.52（台班）；

44 kW 以内内燃拖轮：0.08×8＝0.64（艘班）；

80 t 以内工程驳船：0.28×8＝2.24（艘班）；

小型机具使用费：6.3×149÷10＋8×8≈157.9（元）。

四、上交资料

每人上交实训报告一份。

实　训　报　告

日期：　　　　　　班级：　　　　　　组别：　　　　　　姓名：　　　　　　学号：

<table>
<tr><td colspan="2">实训任务</td><td>临时工程概算定额运用</td><td>成绩</td><td></td></tr>
<tr><td colspan="2">实训目的</td><td colspan="3"></td></tr>
<tr><td rowspan="3">实
训
内
容</td><td>项
目</td><td colspan="3">某工程进行临时轨道铺设 380 m，钢轨重 11 kg/m，设 2 处道岔，求实际工、料、机消耗量。</td></tr>
<tr><td>提
示</td><td colspan="3"></td></tr>
<tr><td>解
答</td><td colspan="3"></td></tr>
<tr><td colspan="2">实训总结</td><td colspan="3"></td></tr>
</table>

实　训　报　告

日期：　　　　班级：　　　　组别：　　　　姓名：　　　　学号：

<table>
<tr><td colspan="2">实训任务</td><td>概算定额的综合运用</td><td>成绩</td><td></td></tr>
<tr><td colspan="2">实训目的</td><td colspan="3"></td></tr>
<tr><td rowspan="3">实训内容</td><td>项目</td><td colspan="3">某高速公路项目，铺筑汽车便道 3.7 km，便道路基宽 4.5 m，路面宽 3.5 m，养护 15 个月；现浇钢筋混凝土箱涵 1 道，混凝土 18 m³；梁板桥 1 座，回旋钻机钻孔，陆地上作业，桩径 110 cm，孔深 36 m，土质由上至下依次为：砂砾 65 m，软石 42 m；桥台为 U 形，高 8 m，120 m³ 实体；实体式片石混凝土桥墩，高 11 m。求人工、主要材料、机械消耗量。</td></tr>
<tr><td>提示</td><td colspan="3">涉及《概算定额》多个章节的内容，要厘清层次，逐一解决。</td></tr>
<tr><td>解答</td><td colspan="3"></td></tr>
<tr><td colspan="2">实训总结</td><td colspan="3"></td></tr>
</table>

实务十八

公路工程机械台班费用定额运用

一、实训目的与要求

（1）明确公路工程机械台班费用定额的内容。

（2）分析公路工程机械台班费用定额的说明及运用要点。

（3）学会公路工程机械台班费用定额运用的基本方法和要求。

（4）会查用公路工程机械台班费用定额。

二、实训要点及注意事项

（1）定额是《公路工程预算定额》（JTG/T B06-02—2007）、《公路工程概算定额》（JTG/T B06－01—2007）的配套定额，是编制公路基本建设工程概算、预算的依据，公路养护的大、中修工程可参考使用。

（2）定额包括土石方工程机械，路面工程机械，混凝土及灰浆机械，水平运输机械，起重及垂直运输机械，打桩、钻孔机械，泵类机械，金属、木、石料加工机械，动力机械，工程船舶，其他机械等，共计 11 类 746 个子目。

（3）定额中各类机械（除潜水设备、变压器和配电设备外）每台（艘）班均按 8 h 计算，潜水设备每台班按 6 h 计算，变压器和配电设备每昼夜按一个台班计算。

（4）定额中折旧费、大修理费、经常修理费、安装拆卸及辅助设施费为不变费用，编制机械台班单价时，除青海、新疆、西藏等边远地区外，应直接采用。至于边远地区，因维修工资、配件材料等价差较大而需调整不变费用时，可根据具体情况，由省、自治区交通厅制定系数并报交通部公路司备案后执行。

（5）定额中的人工费、动力燃料费、养路费及车船使用税为可变费用，编制机械台班单价时，随机操作人员数量及动力物资消耗量应以本定额中的数值为准。工资标准按《公路工程基本建设项目概算预算编制办法》（JTG B06—2007）的规定执行，工程船舶和潜水设备的工日单价，按当地有关部门规定计算。动力燃料费按当地的动力物资的工地预算价格计算。

（6）机械自管理部门至工地或自某一工地至另一工地的运杂费，不包括在本定额中。

（7）加油及油料过滤的损耗和由变电设备至机械之间的输电线路电力损失，均已包括在本定额中。

（8）定额中凡注明“××以内”者，均含“××”数本身。定额子目步距起点均由前项开始，如“30 以内”“60 以内”“80 以内”等，其中“60 以内”指 30 以外至 60 以内，“80

以内”指 60 以外至 80 以内。

(9) 定额的计量单位均执行国家颁布的《中华人民共和国法定计量单位》。

(10) 定额中的基价是不变费用和可变费用的合计数，仅供参考比较之用，不作为编制公路工程基本建设项目概算、预算的依据。

(11) 定额按照公路工程中常用的施工机械的规格编制，规格与之相同或相似的，均应直接采用。定额中未包括的机械项目，各省、自治区、直辖市交通厅（局、委）可根据定额的编制原则和方法编制补充定额，并报交通部公路司备案。

三、实训范例

试确定 5 t 以内自卸汽车的机械台班单价。已知当地规定的人工工日单价为 49 元/工日，柴油单价为 5.9 元/kg。

【解析】

(1) 查《公路工程机械台班费用定额》（JTG/T B06-03—2007）水平运输机械，5 t 以内自卸汽车的定额代号为 1383。

(2) 在代号 1383 子目查得定额值并计算台班单价（不变费用为 103.49 元）。

人工：1×49＝49（元）；

汽油：41.63×5.9≈245.62（元）；

台班单价＝不变费用＋可变费用

＝103.49＋(49＋245.62)＝398.11（元/台班）。

四、上交资料

每人上交实训报告一份。

实 训 报 告

日期：　　　　班级：　　　　组别：　　　　姓名：　　　　学号：

<table>
<tr><td colspan="2">实训任务</td><td>公路工程机械台班费用定额运用</td><td>成绩</td><td></td></tr>
<tr><td colspan="2">实训目的</td><td colspan="3"></td></tr>
<tr><td rowspan="3">实
训
内
容</td><td>项
目</td><td colspan="3">试确定蒸发量为 1 t/h 的工业锅炉的机械台班单价。已知工、料单价分别为：人工 50 元/工日，煤 0.47 元/kg，电 0.60 元/(kW·h)，水 0.55 元/m^3，木柴 0.50 元/kg。</td></tr>
<tr><td>提
示</td><td colspan="3">注意考虑可变费用的计算。</td></tr>
<tr><td>解
答</td><td colspan="3"></td></tr>
<tr><td colspan="2">实训总结</td><td colspan="3"></td></tr>
</table>

第二部分　公路工程概(预)算造价文件编制实务

一、施工图预算实训项目

1. 项目概况

龙嘉一级公路工程是省道101线在龙嘉镇段的改线优化设计，是提高省道101线通行能力，减少对龙嘉镇干扰的建设项目。路线起点位于龙嘉镇西2.5 km省道101线K22＋300处，路线终点位于龙嘉镇东南2.0 km省道101线K27＋650处。

路线走向及主要工程规模：项目起于省道101线K22＋300处，经小房身村西南侧，后跨越龙家堡煤矿铁路，沿现有龙双公路右侧加宽，终点位于省道101线K27＋650处。路线全长5.508 km。沿线无主要河流，全线共设大桥1座，小桥1座，钢筋混凝土盖板涵8道，平面交叉7处，通道涵2处。

2. 设计标准

本项目路线平面线形采用设计速度为100 km/h的一级公路标准；桥涵荷载标准采用公路－Ⅰ级。

路基宽度：整体式断面26.0 m；

行车道宽：2×(2×3.75)m；

中间带宽：3.5 m，其中路缘带宽2×0.75 m；

硬路肩宽：2×3.0 m；

土路肩宽：2×0.75 m；

路面标准横坡：2%；

土路肩横坡：3%；

路面设计标准轴载：双轮组单轴载100 kN（BZZ－100）；

桥宽：整体式断面：2×(0.5＋净－11.75＋0.5)m；

桥涵设计洪水频率：大、中、小桥及涵洞：1/100。

3. 沿线自然地理概况

（1）地形、地貌。

本段位于吉林省长春市境内。起点位于：东经125°37′13″，北纬44°03′19″；终点位于：东经125°40′23″，北纬44°04′01″，属松辽平原中部。地貌类型属波状台地，地形起伏变化不大，沿线植被以旱田为主。

（2）区域工程地质、水文地质情况与评价。

路线经过地区位于松辽凹陷的东部边缘，是中朝地台的一部分，古生代时期的沉积物较少，南部有二叠系地层及侏罗系地层出露。基岩有厚层白垩系泉头组泥岩夹砂岩。覆盖层为第四系中更新统 Q_2 粉质黏土、黏土。沿线大部分地段水位较深，对路基稳定不会产生较大影响。

(3) 气象、区划、地震。

路线经过地区属北寒温带，大陆性季风区。温带湿润气候，结冰期为 5 个月，气候严寒，初雪一般十一月下旬，终雪时间翌年三月末。历年最高月平均气温为 23.2 ℃，最高气温为 36.2 ℃，最低月平均气温为 －17.6 ℃，最低气温为 －39 ℃。历年年平均降雨量为 610 mm，历年最大降水量为 983.3 mm，雨量集中在七、八两月，冬季多西北风，夏季转为西南风。最大冻深为 1.72 m。公路自然区划为 Ⅱ_1 区，雨量区划为 Ⅱ_2 区，气温区划为冬四区。地震基本烈度为Ⅶ度，按《公路工程抗震规范》(JTG B02—2013) 设防。

4. 沿线筑路材料、水、电等建设条件及与公路建设的关系

沿线筑路材料比较丰富，木材、小五金、钢材等由长春市供应，木纤维从长春市购买；42.5、52.5 强度等级水泥从双阳水泥厂购买；路面结构层混合料从长春市购买；块、片石和料石从石头口门采石场购买；中（粗）砂由九台砂场供应；生石灰从双阳石灰场购买；粉煤灰从长春电厂购买。

5. 本项目与周围环境和自然景观相协调情况

(1) 路线土质路基边坡采用植草、植紫穗槐等进行绿色防护，恢复自然植被，改善行车环境。为防止水土流失，在路堤坡脚以外设置排水沟并视具体情况进行铺砌。

(2) 取土占地采取复耕还田的方法，取土前清除种植土，集中堆放，取土后再将种植土返回，保持原有土壤肥力，恢复耕种条件。对取土深度严格控制，并满足复耕后的排水要求。对取土后产生的陡坎、陡坡导致无法耕种的土地，按永久占地给予赔偿。

(3) 设有大型机械的施工场地尽量设置在远离居民区的位置。在工期安排上对产生较大噪声的施工工序，尽量不安排夜间施工。

(4) 对占用土地和房屋拆迁给予安置补助，对电力、电信设施拆迁给予一定赔偿。

(5) 加强对机械设备的管理，避免跑、冒、滴、漏，防止对水环境的污染。

(6) 路面拌和场地设置在远离居民区处，并采取有效的消烟除尘措施，减少有害气体的排放。

(7) 易于扬尘的建筑材料在运输和堆放过程中，采取可靠的遮盖措施。

6. 主要技术经济指标

主要技术经济指标见表 2-1。

二、实训项目施工图预算的编制步骤

本项目施工图预算的编制按以下步骤进行：

(1) 熟悉设计图纸和资料。

(2) 分析外业调查资料及施工方案。

(3) 列项。

(4) 计算工程量。

(5) 初编 08-2 表。

(6) 编制 10 表（本项目无）。

(7) 编制 09 表。

(8) 编制 11 表。

(9) 编制 07 表。

(10) 编制 04 表。

(11) 编制 05 表（本项目无）。

(12) 详细编制 08-2 表。

(13) 编制 03 表。

(14) 编制 06 表。

(15) 编制 01 表。

(16) 编制 12 表（本项目无）。

(17) 编制 02 表。

(18) 编写“编制说明”。

(19) 复核、印刷、装订、报批。

表 2-1　主要技术经济指标

序号	指标名称	单位	数量	备注
	一、基本指标			
1	公路等级	级	—	
2	计算行车速度	km/h	100	
3	交通量	辆/昼夜		
4	占用土地	公顷①	22.98	
5	拆迁建筑物	m^2	1 248	
6	拆迁电信、电力设施	处	6	
7	预算金额	万元	9 629.174 2	
8	平均每千米造价	万元	1 748.216 1	
	二、路线			
9	路线总长	km	5.508	
10	路线增长系数		1.053	
11	平均每千米交点数	个	0.54	
12	平曲线最小半径	m/个	1 200/2	
13	平曲线占路线总长	%	65.24	
14	直线最大长度	m	1 914.581	
15	最大纵坡	%/处	2.95/1	
16	最短坡长	m	250	
17	竖曲线占路线总长	%	73.3	
18	平均每千米纵坡变更次数	次	2.18	
19	竖曲线最小半径			

① 1 公顷 $=10^4$ m^2。

续表

序号	指标名称	单位	数量	备注
	（1）凸曲线	m/个	8 000/1	
	（2）凹曲线	m/个	5 699.670	
	三、路基路面			
20	路基宽度	m	26	
21	平均填土高度	m	3.1	
22	土石方数量	万 m^3	47.673 5	
23	平均每千米土石方数量	万 m^3	8.655 3	
24	排水防护			
	（1）加筋挡土墙	m^3	1 354	
	（2）浆砌片石护坡	延米/m^3		
25	路面结构类型及宽度			
	半幅沥青混凝土路面宽度	m	11.25	
	四、桥梁、涵洞			
26	设计车辆荷载	等级	公路Ⅰ级	
27	半幅桥面净宽	m	11.75	
28	大桥	m/座		
29	中桥	m/座		
30	小桥	m/座	14.0/1	
31	涵洞	m/道	272.11/8	
32	平均每千米大中桥长	m		
33	平均每千米小桥长	m	2.54	
34	平均每千米涵洞道数	道	1.45	
	五、隧道			
35	隧道	m/座		
36	明洞	m/座		
	六、路线交叉			
37	互通式立体交叉	处		
38	分离式立体交叉			
	（1）与铁路交叉	处	1	
	（2）与公路交叉	处		

续表

序号	指标名称	单位	数量	备注
39	通道	处	2	
40	天桥	m/座		
41	平面交叉	处		
	（1）与二级公路平交	处	1	
	（2）与三级公路平交	处		
	（3）与四级公路平交	处		
	（4）与大车道平交	处	6	
42	管线交叉	处		
	七、沿线设施及其他工程			
43	安全设施			
	（1）护栏			
	柱式护栏	根	144	
	波形护栏	m	15 202	
	钢筋混凝土护栏	m		
44	服务设施			
	（1）服务区	m^2/处		
	（2）公共汽车停靠站	处		
	（3）加油站	处		
	（4）维修站	处		
45	管理设施			
	（1）养路用房	处		
	（2）管理站	处		
	（3）自动控制中心	m^2/处		
	（4）通信中心	处		
	（5）通信站	处		
	（6）安全电话	对		
	（7）收费站	处		
	（8）标志	km	5.508	
46	渡口码头	处		
47	其他工程			
	改道	km	0.274	
	八、环境保护			
48	绿化	km	5.508	

实务一

初步编制分项工程概（预）算表 08-2 表

一、实训目的与要求

（1）明确 08-2 表的编制范围和工程名称。

（2）掌握 08-2 表各栏目数值的计算方法和含义。

（3）明确初编 08-2 表所需填列的内容。

二、实训方法与步骤

（1）将编制范围与工程名称填于表头左上侧位置。

（2）将划分好的工程项目填列于 08-2 表上部，按项目名称在预算定额中找到相应的预算定额表，将定额表号、定额单位以及定额表中相应的工程细目填列于 08-2 表中，并将该项目的工程数量填入表中相应位置。

（3）最左侧序号为自然数序列，由上至下排列（其他各表序号同此）。

（4）工、料、机名称栏与单位栏将相应预算定额表中所列本工程细目所需的工、料、机名称与单位抄录下来。

（5）定额栏为预算定额表中所列具体定额消耗数值，直接抄录。

（6）数量栏为定额栏数值乘以表上部工程数量。

（7）定额基价为相应预算定额表中最下方代号为 1999 的基价栏中数值。

（8）将 08-2 表初编完毕后，将表头右上角的“第×页，共×页”填充完整。

（9）其他栏目暂时无法计算，待详细编制 08-2 表时补充完整。

三、注意事项

（1）08-2 表分项时不要漏列、错列，注意将费率相同的各“细目”填列于一张表中，便于小计。

（2）正确引用定额值，注意章、节说明和表下小注。特别是在每次编制之前都要查询是否有新的定额或文件下达。

（3）正确计算工程量。在设计文件中，设计人员提供的工程数量与定额用的工程数量含义与单位有时不同，注意转换。

（4）08-2 表中的工程数量是用该项目的工程量除以定额单位得来，是一个没有单位的数值。

（5）要加强复核工作。每个表格均应由“编制”与“复核”两人完成，切勿单人自编自核（以下各表同此）。

四、实训范例

将实训项目 08-2 表中取其土方碾压（08-2 中第 14 页）和碎石垫层（08-2 中第 42 页）共 2 页（表 2-2 和表 2-3）作为实训范例（注：该项目 08-2 表共 217 页）。

五、上交资料

每人上交实训报告一份。

表 2-2　分项工程预算表（1）

编制范围：K22＋300～K27＋650

工程名称：土方碾压　　　　　　　　　　　　　　　　　第 14 页　共 217 页　　08-2 表

<table>
<tr><td rowspan="6">序号</td><td colspan="3">工程项目</td><td colspan="3">填方路基</td><td colspan="3"></td><td colspan="3"></td><td colspan="2" rowspan="5">合计</td></tr>
<tr><td colspan="3">工程细目</td><td colspan="3">高速、一级公路 15 t 以内振动压路机碾压土方</td><td colspan="3"></td><td colspan="3"></td></tr>
<tr><td colspan="3">定额单位</td><td colspan="3">1 000 m^3 压实方</td><td colspan="3"></td><td colspan="3"></td></tr>
<tr><td colspan="3">工程数量</td><td colspan="3">331.574</td><td colspan="3"></td><td colspan="3"></td></tr>
<tr><td colspan="3">定额表号</td><td colspan="3">1—1—18—4</td><td colspan="3"></td><td colspan="3"></td></tr>
<tr><td>工、料、机名称</td><td>单位</td><td>单价/元</td><td>定额</td><td>数量</td><td>金额/元</td><td>定额</td><td>数量</td><td>金额/元</td><td>定额</td><td>数量</td><td>金额/元</td><td>数量</td><td>金额/元</td></tr>
<tr><td>1</td><td>人工</td><td>工日</td><td></td><td>3.000</td><td>994.722</td><td></td><td></td><td></td><td></td><td></td><td></td><td></td><td></td><td></td></tr>
<tr><td>2</td><td>120 kW 以内平地机</td><td>台班</td><td></td><td>1.630</td><td>540.466</td><td></td><td></td><td></td><td></td><td></td><td></td><td></td><td></td><td></td></tr>
<tr><td>3</td><td>6～8 t 光轮压路机</td><td>台班</td><td></td><td>1.550</td><td>513.940</td><td></td><td></td><td></td><td></td><td></td><td></td><td></td><td></td><td></td></tr>
<tr><td>4</td><td>15 t 以内振动压路机</td><td>台班</td><td></td><td>2.410</td><td>799.093</td><td></td><td></td><td></td><td></td><td></td><td></td><td></td><td></td><td></td></tr>
<tr><td>5</td><td>定额基价</td><td>元</td><td></td><td>3 884.000</td><td>1 287 833.000</td><td></td><td></td><td></td><td></td><td></td><td></td><td></td><td></td><td></td></tr>
<tr><td></td><td></td><td></td><td></td><td></td><td></td><td></td><td></td><td></td><td></td><td></td><td></td><td></td><td></td><td></td></tr>
<tr><td></td><td>直接工程费</td><td>元</td><td></td><td></td><td></td><td></td><td></td><td></td><td></td><td></td><td></td><td></td><td></td><td></td></tr>
<tr><td rowspan="2"></td><td rowspan="2">其他工程费</td><td>Ⅰ 元</td><td></td><td></td><td></td><td></td><td></td><td></td><td></td><td></td><td></td><td></td><td></td><td></td></tr>
<tr><td>Ⅱ 元</td><td></td><td></td><td></td><td></td><td></td><td></td><td></td><td></td><td></td><td></td><td></td><td></td></tr>
<tr><td rowspan="2"></td><td>间接费：规费</td><td colspan="2">元</td><td></td><td></td><td></td><td></td><td></td><td></td><td></td><td></td><td></td><td></td><td></td></tr>
<tr><td>间接费：企业管理费</td><td colspan="2">元</td><td></td><td></td><td></td><td></td><td></td><td></td><td></td><td></td><td></td><td></td><td></td></tr>
<tr><td></td><td>利润及税金</td><td colspan="2">元</td><td></td><td></td><td></td><td></td><td></td><td></td><td></td><td></td><td></td><td></td><td></td></tr>
<tr><td></td><td>建筑安装工程费</td><td colspan="2">元</td><td></td><td></td><td></td><td></td><td></td><td></td><td></td><td></td><td></td><td></td><td></td></tr>
</table>

编制：　　　　　　　　　　　　　　　　　　　　　　复核：

表 2-3　分项工程预算表（2）

编制范围：K22＋300～K27＋650

工程名称：碎石垫层　　　　第 42 页　共 217 页　　08-2 表

序号	工程项目			路面垫层									合计	
	工程细目			机械铺料压实厚度 20 cm 砂砾										
	定额单位			1 000 m^2										
	工程数量			74.487										
	定额表号			2—1—1—12＋17×5.0										
	工、料、机名称	单位	单价/元	定额	数量	金额/元	定额	数量	金额/元	定额	数量	金额/元	数量	金额/元
1	人工	工日		0.900	67.038									
2	土工布	m^2		99.341	7 399.613									
3	风化碎石	m^3		255.000	18 994.185									
4	120 kW 以内平地机	台班		0.270	20.111									
5	6～8 t 光轮压路机	台班		0.250	18.622									
6	12～15 t 光轮压路机	台班		0.500	37.244									
7	6 000 L 以内洒水汽车	台班		0.520	38.733									
8	定额基价	元		5 927.000	441 484.000									
	直接工程费	元												
	其他工程费 Ⅰ	元												
	其他工程费 Ⅱ	元												
	间接费 规费	元												
	间接费 企业管理费	元												
	利润及税金	元												
	建筑安装工程费	元												

编制：　　　　复核：

实 训 报 告

日期：　　　　班级：　　　　组别：　　　　姓名：　　　　学号：

实训任务	初步编制分项工程预算表（08-2 表）	成绩	
实训目的			

实训内容

（1）表 2-4 中的工程项目已经将定额所列的工、料、机的数值抄录好，请将“数量”栏目数值计算并填入表中。

表 2-4　填制预算表（1）

序号	工程项目			临时便桥		
	工程细目			汽车钢便桥		
	定额单位			10 m		
	工程数量			0.800		
	定额表号			7—1—2—1		
	工、料、机名称	单位	单价/元	定额	数量	金额/元
1	人工	工日		45.800		
2	原木	m^3		0.171		
3	锯材木中板 § =19～35	m^3		5.165		
4	铁件	kg		16.100		
5	其他材料费	元		384.000		
6	设备摊销费	元		2 353.300		
7	50 kN 以内单筒慢动电动卷扬机	台班		2.990		
8	小型机具使用费	元		6.100		
9	定额基价	元		12 530.000		

（2）如何计算 08-2 表表头内的工程数量值？

续表

实训内容

（3）根据表 2-5 中所列出的工程项目等内容，将初编 08-2 表时可以填列的内容计算并填入表 2-5 内。

表 2-5　填制预算表（2）

序号	工程项目			路面垫层			平整场地		
	工程细目			机械铺料压实 厚度 15 cm 砂砾			推土机平整场地		
	定额单位			1 000 m^2			1 000 m^2		
	工程数量			4.000			10.000		
	定额表号			2—1—1—12			4—11—1—3		
	工、料、机名称	单位	单价/元	定额	数量	金额/元	定额	数量	金额/元

（4）初编 08-2 表时，有哪些内容是可以填列的，哪些内容还不能填列，为什么？

（5）编制 08-2 表时，如何进行分项？

实训总结

实务二

编制材料预算单价计算表（09 表）

一、实训目的与要求

（1）掌握材料运杂费的构成及单位运费的计算。

（2）明确材料预算单价的构成。

（3）明确表中所列材料种类的来源。

（4）掌握场外运输损耗和采购及保管费的费率取用。

二、实训方法与步骤

（1）将预算 08-2 表中涉及材料的规格名称及单位抄录至 09 表相应位置。

（2）根据各种材料的产地，收集材料的原价并填入表中原价栏。

（3）材料供应地点、运输方式、比例及运距，在施工组织设计中找到相关资料并填入表中，毛重系数或单位毛重在《公路工程基本建设项目概算预算编制办法》（JTG B06—2007）（以下简称《编制办法》）11 页表 3-1 中查找，将运杂费构成说明或计算方法填入表中，并将计算结果填在单位运费栏中。

（4）原价运费合计为材料原价加单位运费。

（5）场外运输损耗的费率在《编制办法》11 页表 3-2 中查找，场外运输损耗费用由原价运费合计乘以场外运输损耗费率计算得出。

（6）采购及保管费费率按《编制办法》11 页中所列情况，根据材料来源不同而取值，采购及保管费用以材料原价加上运杂费，再加上场外运输损耗的合计为基数，乘以采购及保管费费率得到。

（7）材料预算单价为材料原价加上单位运费，再加上场外运输损耗和采购及保管费。

三、注意事项

（1）材料预算单价将用于 08-2 表中各种材料费用的计算，所以首先要保证在 08-2 分项工程表中涉及的所有的材料名称全部列出，而且按照材料代号由小到大的顺序排列，否则在复编 08-2 表时将会有材料找不到单价。

（2）要特别注意材料预算单价计算的准确性，如计算失误将影响到整个工程造价的准确性。

（3）要进行材料产地及相关资料的调查，以确定材料的原价。

（4）运杂费由供应地点、运输方式、运距及运输的比例等条件综合定出，要核对其计算式的正确性。

（5）要注意场外运输损耗和采购保管费的计算基数是不同的，并且并不是所有的材料都有场外运输损耗和采购保管费，对于不涉及这两项费用的材料，该栏目为空白。

四、实训范例

将实训项目中材料预算单价计算表（09 表）取第 1 页（表 2-6）作为范例（该项目 09 表共 5 页）。

五、上交资料

每人上交实训报告一份。

表 2-6　材料预算单价计算表

建设项目名称：龙嘉一级路工程

编制范围：K22＋300～K27＋650　　　　第 1 页　共 5 页　　09 表

序号	规格名称	单位	原价/元	运杂费					原价运费合计/元	场外运输损耗		采购及保管费		预算单价/元
				供应地点	运输方式、比例及运距/km	毛重系数或单位毛重	运杂费构成说明或计算式	单位运费/元		费率/%	金额/元	费率/%	金额/元	
1	原木	m^3	900.000	长春市	汽车、1.0、30.0	1.000 000	(0.52×30.0+2.2×1.0) ×1×1	17.800	917.80			2.500	22.945	940.750
2	锯材木中板 § =19～35	m^3	1 200.000	长春市	汽车、1.0、30.0	1.000 000	(0.52×30.0+2.2×1.0) ×1×1	17.800	1 217.80			2.500	30.445	1 248.250
3	枕木	m^3	760.000	长春市	汽车、1.0、30.0	1.000 000	(0.52×30.0+2.2×1.0) ×1×1	17.800	777.80			2.500	19.445	797.250
4	光圆钢筋直径 10～14 mm	t	5 200.000	长春市	汽车、1.0、30.0	1.000 000	(0.52×30.0+2.2×1.0) ×1×1	17.800	5 217.80			2.500	130.445	5 348.250
5	带肋钢筋直径 15～24 mm，25 mm 以上	t	5 150.000	长春市	汽车、1.0、30.0	1.000 000	(0.52×30.0+2.2×1.0) ×1×1	17.800	5 167.80			2.500	129.195	5 297.000
6	钢绞线普通，无松弛	t	7 100.000	长春市	汽车、1.0、30.0	1.000 000	(0.52×30.0+2.2×1.0) ×1×1	17.800	7 117.80			2.500	177.945	7 295.750
7	波纹管钢带	t	6 600.000	长春市	汽车、1.0、30.0	1.000 000	(0.52×30.0+2.2×1.0) ×1×1	17.800	6 617.80			2.500	165.445	6 783.250
8	型钢	t	4 950.000	长春市	汽车、1.0、30.0	1.000 000	(0.52×30.0+2.2×1.0) ×1×1	17.800	4 967.80			2.500	124.195	5 092.000

续表

序号	规格名称	单位	原价/元	运杂费					原价运费合计/元	场外运输损耗		采购及保管费		预算单价/元
				供应地点	运输方式、比例及运距/km	毛重系数或单位毛重	运杂费构成说明或计算式	单位运费/元		费率/%	金额/元	费率/%	金额/元	
9	钢板	t	5 700.000	长春市	汽车、1.0、30.0	1.000 000	(0.52×30.0+2.2×1.0)×1×1	17.800	5 717.80			2.500	142.945	5 860.750
10	钢管	t	7 100.000	长春市	汽车、1.0、30.0	1.000 000	(0.52×30.0+2.2×1.0)×1×1	17.800	7 117.80			2.500	177.945	7 295.750
11	镀锌钢板	t	6 600.000	长春市	汽车、1.0、30.0	1.000 000	(0.52×30.0+2.2×1.0)×1×1	17.800	6 617.80			2.500	165.445	6 783.250
12	钢丝绳	t	7 800.000	长春市	汽车、1.0、30.0	1.000 000	(0.52×30.0+2.2×1.0)×1×1	17.800	7 817.80			2.500	195.445	8 013.250
13	电焊条	kg	5.500	长春市	汽车、1.0、30.0	0.001 100	(0.52×30.0+2.2×1.0)×1×0.001 1	0.020	5.52			2.500	0.138	5.660
14	螺栓	kg	14.000	长春市	汽车、1.0、30.0	0.001 000	(0.52×30.0+2.2×1.0)×1×0.001	0.020	14.02			2.500	0.351	14.370
15	钢管立柱	t	7 100.000	长春市	汽车、1.0、30.0	1.000 000	(0.52×30.0+2.2×1.0)×1×1	17.800	7 117.80			1.000	71.178	7 188.980
16	型钢立柱	t	5 000.000	长春市	汽车、1.0、30.0	1.000 000	(0.52×30.0+2.2×1.0)×1×1	17.800	5 017.80			1.000	50.178	5 067.980
17	波形钢板	t	7 050.000	长春市	汽车、1.0、30.0	1.000 000	(0.52×30.0+2.2×1.0)×1×1	17.800	7 067.80			1.000	70.678	7 138.480

编制：　　　　　　　　　　复核：

实 训 报 告

日期：　　　　班级：　　　　组别：　　　　姓名：　　　　学号：

实训任务	编制材料预算单价计算表（09 表）	成绩	
实训目的			
实训内容	（1）材料预算单价包括哪几部分费用？ （2）如何计算场外运输损耗？		

续表

实训内容

(3) 计算表 2-7 空白栏目处的数值。

表 2-7　填制材料预算单价计算表

序号	规格名称	单位	原价/元	运杂费	原价运费合计/元	场外运输损耗		采购及保管费		预算单价/元
				单位运费/元		费率/%	金额/元	费率/%	金额/元	
61	天然级配	m^3	16.500	25.260		1.000		2.500		
62	黏土	m^3	3.500	8.820		3.000		2.500		
63	片石	m^3	30.800	25.790				2.500		
64	粉煤灰	m^3	4.000	18.970		3.000		2.500		
65	矿粉	t	80.000	20.400		3.000		2.500		
66	碎石(2 cm)	m^3	40.250	21.260		1.000		2.500		
67	碎石(4 cm)	m^3	39.100	21.260		1.000		2.500		
68	碎石(6 cm)	m^3	35.650	21.260		1.000		2.500		
69	碎石(8 cm)	m^3	33.350	21.260		1.000		2.500		
70	碎石	m^3	37.950	21.260		1.000		2.500		

(4) 如何计算采购及保管费费率?

实训总结

实务三

编制机械台班单价计算表（11 表）

一、实训目的与要求

（1）掌握机械台班单价的构成。

（2）明确可变费用的构成及计算方法。

（3）掌握不变费用的计算。

二、实训方法与步骤

（1）将预算 08-2 表中涉及的所有机械种类的规格名称及机械定额号抄录至 11 表中机械规格名称栏和定额号栏。

（2）在机械台班费用定额中按各种机械的定额号可以找到该机械的台班费用定额，机械的台班费用定额包括不变费用和可变费用两大部分。

（3）将机械的不变费用定额值直接抄录到表中不变费用的定额栏，如施工所在地属于需调整的地区，找到该地区的调整系数并填入表中调整系数栏内，然后用定额值乘以调整系数得出调整值并填入表中调整值栏；如该地区不属于需调整的地区，则令调整系数为 1，即调整值等于定额值。

（4）将机械台班费用定额中机械的可变费用各栏的定额数值填入 11 表中可变费用的定额栏中，可变费用中人工及各动力燃料的单价由材料预算单价计算表（09 表）查出并填入 11 表中相应位置，人工及各动力燃料的金额由该项定额值乘以该项单价得出。

（5）可变费用的合计栏由可变费用各项金额累加得出。

（6）机械台班单价栏由不变费用的调整值与可变费用合计后得出。

三、注意事项

（1）机械台班单价将用于 08-2 表中各种机械费用的计算，首先要保证在分项工程 08-2 表中涉及的所有的机械名称全部列出，此时应注意机械的种类及规格名称的填列应按照代号由小到大的顺序排列。

（2）要特别注意机械台班单价计算的准确性，如计算失误将影响到整个造价的准确性。

（3）不变费用的调整系数要根据工程所在地确定，在机械台班费用定额中可以找到。

（4）注意这里用到的是机械台班费用定额中各项人工及动力燃料的消耗值（即定额值），

由各项消耗数值乘以工程所在地各项单价得出该种机械的台班单价，而不是使用台班费用定额中直接给出的台班单价。

四、实训范例

将实训项目中机械台班单价计算表（11 表）取第 1 页（表 2-8）作为范例（该项目 11 表共 4 页）。

五、上交资料

每人上交实训报告一份。

表 2-8 机械台班单价计算表

建设项目名称：龙嘉一级路工程

编制范围：K22＋300～K27＋650　　　　第 1 页　共 4 页　　11 表

序号	定额号	机械规格名称	台班单价/元	不变费用/元		可变费用/元												养路费及车船税	合计
				调整系数		机械工		重油		汽油		柴油							
				1.0		43.18 元/工日		3.98 元/kg		7.36 元/kg		6.87 元/kg							
				定额	调整值	定额	费用	定额	费用	定额	费用	定额	费用	定额	费用	定额	费用		
1	1003	75 kW 以内履带式推土机	709.14	245.140	245.14	2.000	86.36					54.970	377.64						464.00
2	1005	105 kW 以内履带式推土机	942.46	330.410	330.41	2.000	86.36					76.520	525.69						612.05
3	1006	135 kW 以内履带式推土机	1 364.72	604.690	604.69	2.000	86.36					98.060	673.67						760.03
4	1025	12 m^3 以内拖式铲运机	1 574.25	822.870	822.87	2.000	86.36					96.800	665.02						751.38
5	1027	0.6 m^3 履带式单斗挖掘机	561.01	219.840	219.84	2.000	86.36					37.090	254.81						341.17
6	1035	1.0 m^3 履带式单斗挖掘机	940.83	411.150	411.15	2.000	86.36					64.530	443.32						529.68
7	1037	2.0 m^3 履带式单斗挖掘机	1 575.09	855.380	855.38	2.000	86.36					92.190	633.35						719.71
8	1048	1.0 m^3 轮胎式装载机	492.94	112.920	112.92	1.000	43.18					49.030	336.84						380.02
9	1050	2.0 m^3 轮胎式装载机	881.57	200.440	200.44	1.000	43.18					92.860	637.95						681.13
10	1051	3.0 m^3 轮胎式装载机	1 118.80	241.360	241.36	2.000	86.36					115.150	791.08						877.44
11	1057	120 kW 以内平地机	1 058.64	408.050	408.05	2.000	86.36					82.130	564.23						650.59
12	1063	75 kW 以内履带式拖拉机	620.42	161.230	161.23	2.000	86.36					54.270	372.83						459.19
13	1070	41 kW 以内轮胎式拖拉机	318.90	74.220	74.22	1.000	43.18					29.330	201.50						244.68
14	1075	6～8 t 光轮压路机	283.55	107.570	107.57	1.000	43.18					19.330	132.80						175.98
15	1076	8～10 t 光轮压路机	320.06	117.500	117.50	1.000	43.18					23.200	159.38						202.56
16	1078	12～15 t 光轮压路机	485.46	164.320	164.32	1.000	43.18					40.460	277.96						321.14

编制：　　　　复核：

实 训 报 告

日期：　　　　　班级：　　　　　组别：　　　　　姓名：　　　　　学号：

实训任务	编制机械台班单价计算表（11 表）	成绩	
实训目的			
实训内容	（1）机械台班单价包括哪几部分费用？ （2）如何计算机械台班单价中的可变费用？ （3）何谓不变费用？调整系数如何应用？如何计算不变费用？		

续表

实训内容

(4) 在表 2-9 的空白处计算并填入数值。

表 2-9　填制机械台班单价计算表

定额号	机械规格名称	台班单价/元	不变费用/元		可变费用/元								
			调整系数		机械工		汽油		柴油				合计
			1.0		43.18 元/工日		7.36 元/kg		6.87 元/kg				
			定额	调整值	定额	费用	定额	费用	定额	费用	定额	费用	
1378	15 t 以内载货汽车												
1383	5 t 以内自卸汽车												
1387	12 t 以内自卸汽车												
1393	20 t 以内平板拖车组												
1404	4 000 L 以内洒水汽车												
1405	6 000 L 以内洒水汽车												
1408	1.0 t 以内机动翻斗车												
1415	9 kW 手扶式拖拉机												
1432	15 t 以内履带式起重机												
1440	8 t 以内轮胎式起重机												

(5) 如何计算机械台班单价?

实训总结

实务四

编制人工、材料、机械台班单价汇总表（07表）

一、实训目的与要求

（1）了解编制单价汇总表的目的。

（2）明确人工、材料、机械名称的来源。

二、实训方法与步骤

（1）将人工填入第一横行的名称栏，将单位、代号及单价填入相应位置。若各省交通运输厅已给出人工工日单价，则可直接采用。

（2）从07表第二行开始，将材料预算单价表（09表）中所列出的所有材料的名称填入，单位、代号及预算单价从09表中直接抄录。

（3）将机械单价计算表（11表）中所列出的所有机械的名称填入材料后面，单位、代号及预算单价从11表直接抄录。若采用各省交通运输厅编制的机械台班单价，可直接填入本表。

（4）代号栏按《预算定额》附录后代号填列。

三、注意事项

（1）本表是将前面计算好的09表及11表做一个单价的汇总，方便后面详细编制08-2表时单价的录入，所以只需将前面两表的计算结果转入，并不需要进行计算，在人工、材料、机械台班单价转入的过程中注意不要漏项。

（2）本表必须按项目所发生的人工、材料、机械的代号由小到大的顺序填列。

四、实训范例

将实训项目中人工、材料、机械台班单价汇总表（07表）取第1页（表2-10）作为范例（该项目07表共4页）。

五、上交资料

每人上交实训报告一份。

表 2-10　人工、材料、机械台班单价汇总表

建设项目名称：龙嘉一级路工程

编制范围：K22＋300～K27＋650　　　　第 1 页　共 4 页　　07 表

序号	名称	单位	代号	预算单价/元	备注
1	人工	工日	1	43.18	
2	机械工	工日	2	43.18	
3	原木	m^3	101	940.75	
4	锯材木中板 § ＝19～35	m^3	102	1 248.25	
5	枕木	m^3	103	797.25	
6	光圆钢筋直径 10～14 mm	t	111	5 348.25	
7	带肋钢筋直径 15～24 mm，25 mm 以上	t	112	5 297.00	
8	钢绞线普通，无松弛	t	125	7 295.75	
9	波纹管钢带	t	151	6 783.25	
10	型钢	t	182	5 092.00	
11	钢板	t	183	5 860.75	
12	钢管	t	191	7 295.75	
13	镀锌钢板	t	208	6 783.25	
14	钢丝绳	t	221	8 013.25	
15	电焊条	kg	231	5.66	
16	螺栓	kg	240	14.37	
17	钢管立柱	t	247	7 188.98	
18	型钢立柱	t	248	5 067.98	
19	波形钢板	t	249	7 138.48	
20	钢绞线群锚（4 孔）	套	573	120.00	
21	钢绞线群锚（5 孔）	套	574	150.00	
22	铁件	kg	651	5.56	
23	镀锌铁件	kg	652	5.56	
24	铁钉	kg	653	5.66	

续表

序号	名称	单位	代号	预算单价/元	备注
25	8～12 号钢丝	kg	655	5.56	
26	20～22 号钢丝	kg	656	6.17	
27	镀锌薄钢板	m^2	666	22.64	
28	铝合金标志	t	668	13 147.98	
29	铸铁箅子	kg	681	140.00	
30	铸铁管	kg	682	4.33	
31	钢丝编制网	m^2	693	23.64	
32	裸铝（铜）线	m	712	2.70	
33	橡胶条	m	716	25.65	
34	油漆	kg	732	12.33	
35	桥面防水涂料	kg	735	6.20	
36	热熔涂料	kg	738	4.60	
37	反光玻璃珠	kg	739	4.60	
38	反光膜	m^2	740	194.76	

编制：　　　　　　　　　　　　　　　　复核：

实 训 报 告

日期： 班级： 组别： 姓名： 学号：

实训任务	编制人工、材料、机械台班单价汇总表（07 表）	成绩	
实训目的			
实训内容	（1）人工单价从何而来？ （2）材料的种类名称及单价从何而来？ （3）机械台班的种类名称及单价从何而来？		
实训总结			

实务五

编制其他工程费及间接费综合费率计算表（04表）

一、实训目的与要求

（1）明确其他工程费的构成。

（2）掌握其他工程费各项费率的取用。

（3）明确间接费的构成。

（4）掌握间接费各项费率的取用。

二、实训方法与步骤

（1）将其他工程费及间接费的工程类别填入表中，共13项，具体可见《编制办法》第8页。

（2）冬期施工增加费费率首先根据工程地点按《编制办法》附录七查取气温区划，然后根据工程类别查《编制办法》第13页表3-3取用。

（3）雨期施工增加费费率首先根据工程地点按《编制办法》附录八查取雨量区及雨季期月数，然后根据工程类别查《编制办法》第14页表3-4取用。

（4）夜间施工增加费费率根据工程类别按《编制办法》第14页表3-5取用。

（5）高原地区施工增加费费率根据施工所在地的海拔高度及工程类别查《编制办法》第15页表3-6取用。

（6）风沙地区施工增加费费率首先根据工程地点按《编制办法》附录九查取风沙地区区划，然后根据工程类别查《编制办法》第16页表3-7取用。

（7）沿海地区工程施工增加费费率根据工程类别查《编制办法》第16页表3-8取用。

（8）行车干扰工程施工增加费费率根据施工期间平均每昼夜双向行车次数（汽车、畜力车合计）及工程类别查《编制办法》第17页表3-9取用。

（9）安全及文明施工措施费费率根据工程类别查《编制办法》第17页表3-10取用。

（10）临时设施费费率根据工程类别查《编制办法》第18页表3-11取用。

（11）施工辅助费费率根据工程类别查《编制办法》第18页表3-12取用。

（12）工地转移费费率根据工地转移的距离及工程类别查《编制办法》第19页表3-13取用。

（13）其他工程费综合费率Ⅰ为冬期施工增加费费率、雨期施工增加费费率、夜间施工增加费费率、沿海地区工程施工增加费费率、安全及文明施工措施费费率、临时设施费费率、施工辅助费费率及工地转移费费率之和。综合费率Ⅱ为高原地区施工增加费费率、风沙地区施工增加费费率及行车干扰工程施工增加费费率之和。

（14）规费中的综合费率为养老保险费费率、失业保险费费率、医疗保险费费率、住房公积金费率、工伤保险费费率之和。

（15）企业管理费中的基本费用、主副食运费补贴、职工探亲路费、职工取暖补贴、财务费用的费率按《编制办法》第20～22页表3-14～表3-18取用。企业管理费综合费率为基本费用费率、主副食运费补贴费率、职工探亲路费费率、职工取暖补贴费率及财务费用的费率之和。

三、注意事项

（1）其他工程费及间接费各项费用的费率根据工程所在地取用，并不是每项费率一定有其数值，如该项费率无数值，说明无须计算该项费用，在表中相应的费率位置为空白。

（2）规费中的养老保险费、失业保险费、医疗保险费、住房公积金、工伤保险费的费率按国家或工程所在地的法律、法规、规章、规程及规定的标准取用。

四、实训范例

将实训项目中其他工程费及间接费综合费率计算表（04表）取第1页（表2-11）作为范例（该项目04表共1页）。

五、上交资料

每人上交实训报告一份。

表 2-11　其他工程费及间接费综合费率计算表

建设项目名称：龙嘉一级路工程

编制范围：K22＋300～K27＋650

第 1 页　共 1 页　　04 表

序号	工程类别	其他工程费费率/%													间接费费率/%											
		冬期施工增加费	雨期施工增加费	夜间施工增加费	高原地区施工增加费	风沙地区施工增加费	沿海地区施工增加费	行车干扰工程施工增加费	安全及文明施工措施费	临时设施费	施工辅助费	工地转移费	综合费率		规费						企业管理费					
													Ⅰ	Ⅱ	养老保险费	失业保险费	医疗保险费	住房公积金	工伤保险费	综合费率	基本费用	主副食运费补贴	职工探亲路费	职工取暖补贴	财务费用	综合费率
1	2	3	4	5	6	7	8	9	10	11	12	13	14	15	16	17	18	19	20	21	22	23	24	25	26	27
01	人工土方	2.050	0.110					1.640	0.590	1.570	0.890		5.210	1.640	21.000	2.000	6.700	8.000	1.000	38.700	3.360	0.420	0.100		0.230	4.110
02	机械土方	3.140	0.110					1.390	0.590	1.420	0.490		5.750	1.390	21.000	2.000	6.700	8.000	1.000	38.700	3.260	0.325	0.220		0.210	4.015
03	汽车运输	0.560	0.110					1.360	0.210	0.920	0.160		1.960	1.360	21.000	2.000	6.700	8.000	1.000	38.700	1.440	0.345	0.140		0.210	2.135
04	人工石方	0.440	0.070					1.660	0.590	1.600	0.850		3.550	1.660	21.000	2.000	6.700	8.000	1.000	38.700	3.450	0.320	0.100		0.220	4.090
05	机械石方	0.610	0.100					1.160	0.590	1.970	0.460		3.730	1.160	21.000	2.000	6.700	8.000	1.000	38.700	3.280	0.305	0.220		0.200	4.005
06	高级路面	2.000	0.100					1.240	1.000	1.920	0.800		5.820	1.240	21.000	2.000	6.700	8.000	1.000	38.700	1.910	0.210	0.140		0.270	2.530
07	其他路面	0.800	0.090					1.170	1.020	1.870	0.740		4.520	1.170	21.000	2.000	6.700	8.000	1.000	38.700	3.280	0.210	0.160		0.300	3.950
08	构造物Ⅰ	1.840	0.080					0.940	0.720	2.650	1.300		6.590	0.940	21.000	2.000	6.700	8.000	1.000	38.700	4.440	0.300	0.290		0.370	5.400
09	构造物Ⅱ	2.270	0.080	0.350				0.950	0.780	3.140	1.560		8.180	0.950	21.000	2.000	6.700	8.000	1.000	38.700	5.530	0.325	0.340		0.400	6.595
10	构造物Ⅲ	4.460	0.170	0.700				0.950	1.570	5.810	3.030		15.74	0.950	21.000	2.000	6.700	8.000	1.000	38.700	9.790	0.595	0.550		0.820	11.75
11	技术复杂大桥	2.580	0.100	0.350					0.860	2.920	1.680		8.490		21.000	2.000	6.700	8.000	1.000	38.700	4.720	0.270	0.200		0.460	5.650
12	隧道	0.750							0.730	2.570	1.230		5.280		21.000	2.000	6.700	8.000	1.000	38.700	4.220	0.260	0.270		0.390	5.140
13	钢材及钢结构	0.190		0.350					0.530	2.480	0.560		4.110		21.000	2.000	6.700	8.000	1.000	38.700	2.420	0.280	0.160		0.480	3.340

编制：　　　　　　　　　　　　　　　　复核：

实 训 报 告

日期：　　　　班级：　　　　组别：　　　　姓名：　　　　学号：

实训任务	编制其他工程费及间接费综合费率计算表（04表）	成绩	
实训目的			
实训内容	（1）其他工程费包括哪些费用？综合费率Ⅰ、Ⅱ如何进行计算？ （2）间接费包括哪些费用？ （3）冬期和雨期施工增加费费率如何取用？		

续表

实训内容

（4）根据表2-12的数值计算其他工程费的综合费率Ⅰ、Ⅱ并填入表中。

表2-12　填入综合费费率Ⅰ、Ⅱ

序号	工程类别	其他工程费费率/%												
		冬期施工增加费	雨期施工增加费	夜间施工增加费	高原地区施工增加费	风沙地区施工增加费	沿海地区施工增加费	行车干扰工程施工增加费	安全及文明施工措施费	临时设施费	施工辅助费	工地转移费	综合费率Ⅰ	综合费率Ⅱ
1	2	3	4	5	6	7	8	9	10	11	12	13	14	15
01	人工土方	2.050	0.110					1.640	0.590	1.570	0.890			
02	机械土方	3.140	0.110					1.390	0.590	1.420	0.490			
03	汽车运输	0.560	0.110					1.360	0.210	0.920	0.160			
04	人工石方	0.440	0.070					1.660	0.590	1.600	0.850			
05	机械石方	0.610	0.100					1.160	0.590	1.970	0.460			
06	高级路面	2.000	0.100					1.240	1.000	1.920	0.800			
07	其他路面	0.800	0.090					1.170	1.020	1.870	0.740			
08	构造物Ⅰ	1.840	0.080					0.940	0.720	2.650	1.300			
09	构造物Ⅱ	2.270	0.080	0.350				0.950	0.780	3.140	1.560			
10	构造物Ⅲ	4.460	0.170	0.700				0.950	1.570	5.810	3.030			
11	技术复杂大桥	2.580	0.100	0.350					0.860	2.920	1.680			
12	隧道	0.750							0.730	2.570	1.230			
13	钢材及钢结构	0.190		0.350					0.530	2.480	0.560			

（5）如何计算企业管理费综合费率？

实训总结

实务六

详细编制分项工程
概（预）算表（08-2 表）

一、实训目的与要求

（1）明确详细编制 08-2 表时需要计算的内容。

（2）掌握 08-2 表各栏目数值的计算方法和含义。

二、实训方法与步骤

（1）08-2 表中所列各人工、材料、机械的单价由 07 表转入，用各项单价乘以数量得出各项金额。

（2）表最右侧合计的数量栏由横向各数量值累加得出，合计的金额栏由横向各金额值累加得出。

（3）直接工程费为相应各个项目的人工、材料、机械的金额栏竖向累加得出。

（4）其他工程费综合费用Ⅰ为相应各个项目的直接工程费之和乘以其他工程费综合费率Ⅰ（其他工程费综合费率Ⅰ由 04 表转来）；其他工程费综合费用Ⅱ为相应项目的人工费与机械使用费之和乘以其他工程费综合费率Ⅱ（其他工程费综合费率Ⅱ由 04 表转来）。

（5）规费按相应项目的人工费之和乘以规费综合费率计算（规费综合费率由 04 表转来）。

（6）企业管理费按相应项目的直接费之和乘以企业管理费综合费率计算（企业管理费综合费率由 04 表转来）。

（7）利润按相应项目的直接费与间接费之和扣除规费之后的 7%计算。税金按相应项目的直接费、间接费与利润之和乘以综合税率计算。纳税地点在市区的企业，综合税率为 3.41%；纳税地点在县城、乡镇的企业，综合税率为 3.35%；纳税地点不在市区、县城、乡镇的企业，综合税率为 3.22%。

（8）建筑安装工程费为直接费、间接费、利润与税金之和。

三、注意事项

（1）直接工程费的计算结果直接填在各项目的金额栏中，定额栏和数量栏为空。

（2）其他工程费费率根据本项目的工程类别取用，如 08-2 表第 14 页，根据工程项目为填方路基，细目为高速、一级公路 15 t 以内振动压路机碾压土方，在 04 表工程类别为机械土方中找到相应费率，并分别将费率填入其他工程费Ⅰ、Ⅱ对应的定额栏中，再将计算结果填入金额栏。注意其他工程费Ⅰ的计算基数是直接工程费，其他工程费Ⅱ的计算基数是人工费与机械使用费之和。

（3）间接费、利润及税金的费率也在04表中按各项目的工程类别取用并填入对应各项目的定额栏内，然后将计算结果填入金额栏内。

（4）08-2表下半部分的各项费用需计算最右侧合计金额，合计数量无须计算，该栏数值为空。

四、实训范例

将实训项目中08-2预算表取其土方碾压（本项目分项工程预算表（08-2表）的第14页）和碎石垫层（本项目分项工程预算表（08-2表）的第42页）共2页（表2-13和表2-14）作为范例（该项目08-2表共217页）。

五、上交资料

每人上交实训报告一份。

表 2-13 分项工程预算表（1）

编制范围：K22＋300～K27＋650

工程名称：土方碾压　　　　第 14 页　共 217 页　　08-2 表

序号	工程项目			填方路基									合计	
	工程细目			高速、一级公路 15 t 以内振动压路机碾压土方										
	定额单位			1 000 m^3 压实方										
	工程数量			331.574										
	定额表号			1—1—18—4										
	工、料、机名称	单位	单价/元	定额	数量	金额/元	定额	数量	金额/元	定额	数量	金额/元	数量	金额/元
1	人工	工日	43.18	3.000	994.722	42 952							994.722	42 952
2	120 kW 以内平地机	台班	1 058.64	1.630	540.466	572 159							540.466	572 159
3	6～8 t 光轮压路机	台班	283.55	1.550	513.940	145 728							513.940	145 728
4	15 t 以内振动压路机	台班	907.04	2.410	799.093	724 810							799.093	724 810
5	定额基价	元	1.00	3 884.000	1 287 833.000	1 287 833							1 287 833.000	1 287 833
	直接工程费	元				1 485 648								1 485 648
	其他工程费	Ⅰ 元		5.750		85 425								85 425
		Ⅱ 元		1.390		20 651								20 651
	间接费　规费	元		38.700		16 622								16 622
	企业管理费	元		4.015		63 908								63 908
	利润及税金	元		7.000 / 3.410		176 870								176 870
	建筑安装工程费	元				1 849 123								1 849 123

编制：　　　　　　　　　　复核：

表 2-14　分项工程预算表（2）

编制范围：K22＋300～K27＋650

工程名称：碎石垫层　　　　第 42 页　共 217 页　　08-2 表

序号	工程项目			路面垫层									合计	
	工程细目			机械铺料压实厚度 20 cm 砂砾										
	定额单位			1 000 m²										
	工程数量			74.487										
	定额表号			2－1－1－12＋17×5.0，改										
	工、料、机名称	单位	单价/元	定额	数量	金额/元	定额	数量	金额/元	定额	数量	金额/元	数量	金额/元
1	人工	工日	43.18	0.900	67.038	2 895							67.038	2 895
2	土工布	m²	7.19	99.341	7 399.613	53 203							7 399.613	53 203
3	风化碎石	m³	39.40	255.000	18 994.185	748 371							18 994.185	748 371
4	120 kW 以内平地机	台班	1 058.64	0.270	20.111	21 291							20.111	21 291
5	6～8 t 光轮压路机	台班	283.55	0.250	18.622	5 280							18.622	5 280
6	12～15 t 光轮压路机	台班	485.46	0.500	37.244	18 080							37.244	18 080
7	6 000 L 以内洒水汽车	台班	592.57	0.520	38.733	22 952							38.733	22 952
8	定额基价	元	1.00	5 927.000	441 484.000	441 484							441 484.000	441 484
	直接工程费	元				872 072								872 072
	其他工程费 Ⅰ	元		4.520		39 418								39 418
	其他工程费 Ⅱ	元		1.170		825								825
	间接费 规费	元		38.700		1 120								1 120
	间接费 企业管理费	元		3.950		36 036								36 036
	利润及税金	元		7.000 / 3.410		101 025								101 025
	建筑安装工程费	元				1 050 497								1 050 497

编制：　　　　　　　　复核：

实 训 报 告

日期：　　　　班级：　　　　组别：　　　　姓名：　　　　学号：

<table>
<tr><td>实训任务</td><td>详细编制分项工程概（预）算表（08-2 表）</td><td>成绩</td><td></td></tr>
<tr><td>实训目的</td><td colspan="3"></td></tr>
<tr><td>实
训
内
容</td><td colspan="3">（1）其他工程费Ⅰ、Ⅱ如何进行计算？费率如何取用？

（2）利润及税金如何计算？

（3）建筑安装工程费怎样计算？直接费怎样计算？</td></tr>
</table>

续表

实训内容

（4）表 2-15 为已经初步编制的 08-2 表，现将工、料、机的单价在表中给出，请将表中未完成的部分完成。

表 2-15　填制 08-2 表

工程项目			轨道铺设			轨道铺设			合计	
工程细目			钢轨重 32 kg/m 在路基上			钢轨重 32 kg/m 在桥面上				
定额单位			100 m			100 m				
工程数量			4.000			0.400				
定额表号			7—1—4—3			7—1—4—4				
工、料、机名称	单位	单价/元	定额	数量	金额/元	定额	数量	金额/元	数量	金额/元
人工	工日	43.18	24.600	98.400		18.100	7.240			
锯材木中板 §=19～35	m^3	1 248.25	0.455	1.822						
枕木	m^3	797.25	3.375	13.500		3.375	1.350			
铁钉	kg	5.66				2.224	0.889			
碎石（6 cm）	m^3	58.92	21.267	85.068						
设备摊销费	元	1.00	1 520.700	6 082.800		1 520.700	608.280			
定额基价	元	1.00	7 695.000	30 780.000		5 670.000	2 268.000			
直接工程费	元									
其他工程费 Ⅰ	元									
其他工程费 Ⅱ	元									
间接费 规费	元									
间接费 企业管理费	元									
利润及税金	元									
建筑安装工程费	元									

实训总结

实务七

编制建筑安装工程费计算表（03 表）

一、实训目的与要求

（1）明确建筑安装工程费的组成。

（2）掌握各项费用的计算方法及数据来源。

二、实训方法与步骤

（1）03 表中工程名称栏按 08-2 表左上角表头位置的工程名称填列，单位与工程量由设计文件和施工组织设计得来。

（2）人工费、材料费、机械使用费栏由 08-2 表计算得来，如本项目 03 表第 12 行土方碾压的人工费由本项目 08-2 表第 14 页（实训六中分项工程预算表第 14 页）最右侧第 1 横行人工的金额合计得来；材料费无；机械使用费由本项目 08-2 表第 14 页（实训六中分项工程预算表第 14 页）中 2、3、4 横行三种机械的金额合计得来。03 表中直接工程费合计栏由人工费、材料费、机械使用费三栏合计得到。

（3）03 表中其他工程费也由 08-2 表计算得来，方法同上。

（4）03 表中直接费合计栏数值由直接工程费与其他工程费合计而得。

（5）03 表中间接费由 08-2 表计算得来，方法同上。

（6）03 表中利润由 08-2 表计算得来，方法同上。

（7）03 表中税金由 08-2 表计算得来，方法同上。

（8）03 表中建筑安装工程费合计栏数值由直接费、间接费、利润及税金相加后得到。

（9）03 表中建筑安装工程费单价由建筑安装工程费合计栏数值除以工程量栏数值得到。

三、注意事项

（1）要将 08-2 表中所有的工程项目名称都抄录过来，避免漏项。

（2）在计算直接工程费中的人工费、材料费、机械使用费时，均由 08-2 表转来，注意有些工程名称下的 08-2 表中的人工费、材料费、机械使用费可能不止一页，要将这一工程名称涉及的所有表中的人工费、材料费、机械使用费数值相累加。

四、实训范例

将本实训项目中建筑安装工程费计算表（03 表）取第 1 页（表 2-16）作为范例（该项

目 03 表共 3 页)。

五、上交资料

每人上交实训报告一份。

表 2-16　建筑安装工程费计算表

建设项目名称：龙嘉一级路工程

编制范围：K22+300～K27+650　　　　第 1 页　共 3 页　　03 表

序号	工程名称	单位	工程量	直接费/元						间接费/元	利润/元，费率7.0%	税金/元，综合税率3.41%	建筑安装工程费	
				直接工程费				其他工程费	合计				合计/元	单价/元
				人工费	材料费	机械使用费	合计							
1	2	3	4	5	6	7	8	9	10	11	12	13	14	15
1	临时道路	km	0.560	17 841	88 166	61 449	167 456	9 808	177 264	14 145	12 915	6 967	211 292	377 307.71
2	临时便桥	m/座	8.000	1 582	7 548	263	9 393	636	10 029	1 154	740	407	12 330	1 541.22
3	临时轨道铺设	km	0.440	4 562	25 819		30 381	2 045	32 426	3 516	2 392	1 307	39 642	90 094.75
4	临时电力线路	km	1.000	3 023	35 848		38 871	2 590	41 461	3 409	3 059	1 634	49 563	49 562.95
5	临时电信线路	km	1.000	639	3 094		3 733	252	3 985	463	294	162	4 903	4 903.49
6	便道圆管涵	m/道	60.000	67 361	65 287	4 936	137 583	9 746	147 330	34 024	10 870	6 555	198 779	3 312.98
7	施工场地硬化	m²	10 000.000	1 019	29 116	10 193	40 328	2 095	42 423	2 190	3 095	1 627	49 335	4.93
8	电机井	口	1.000				30 000		30 000				30 000	30 000.00
9	伐树、挖根、除草	km	5.565	50 946		31 165	82 111	5 625	87 736	23 322	6 394	4 005	121 457	21 825.14
10	挖除沥青混凝土路面	m²	7 191.000	13 911		11 987	25 897	1 474	27 371	6 465	1 992	1 222	37 049	5.15
11	机械土方	m³	22 719.000	5 934		65 383	71 318	5 092	76 410	5 364	5 563	2 978	90 316	3.98
12	土方碾压	m³	331 574.000	42 952		1 442 696	1 485 648	106 075	1 591 723	80 530	115 894	60 976	1 849 123	5.58
13	取土场借方	m³	308 855.000	79 231		7 229 013	7 308 244	276 935	7 585 179	210 692	543 565	284 375	8 623 810	27.92
14	上路床掺灰	m²	80 390.000	97 472	198 895	20 499	316 867	15 703	332 569	50 858	24 199	13 900	421 527	5.24
15	土工格栅	m²	43 680.000	88 270	575 108		663 378	31 017	694 395	61 589	50 528	27 502	834 014	19.09
16	路基零星工程	km	5.565	746 929		113 182	860 111	59 310	919 421	326 712	66 995	44 778	1 357 906	244 008.25

编制：　　　　　　　　　　　　　　　　复核：

实　训　报　告

日期：　　　　　班级：　　　　　组别：　　　　　姓名：　　　　　学号：

实训任务	编制建筑安装工程费计算表（03 表）	成绩	
实训目的			
实训内容	(1) 直接费和直接工程费的区别是什么？ (2) 建筑安装工程费在 03 表中如何进行计算？ (3) 03 表中间接费、利润、税金如何计算？		

续表

实训内容

(4) 表 2-17 为建筑安装工程费 03 表的一部分，请将表中未完成的部分完成。

表 2-17　填制建筑安装工程费 03 表

序号	工程名称	直接费/元						间接费/元	利润/元，费率 7.0%	税金/元，综合税率 3.41%
		直接工程费				其他工程费	合计			
		人工费	材料费	机械使用费	合计					
1	2	5	6	7	8	9	10	11	12	13
24	石灰粉煤灰稳定类基层	70 398	3 828 482	1 792 584						
25	透层	7 349	658 913	8 455						
26	黏层	3 460	176 670	1 767						
27	沥青表处封层	28 871	857 152	15 478						
28	中粒式沥青混凝土面层	20 727	4 804 842	691 881						
29	细粒式沥青混凝土面层	14 114	3 440 426	460 420						
30	培路肩	45 201		11 810						
31	水泥混凝土	2 494	2 228	346						
32	集水井	165 618	263 848	19 523						
33	拌和设备安装、拆除	117 976	267 124	161 471						
34	涵洞工程	434 294	826 196	69 372						
35	钢筋混凝土矩形板桥	241 122	716 512	100 572						
36	涵洞	31 582	104 908	8 008						
37	K22+546 变更涵洞	58 808	303 028	26 988						
38	公路与大车道平面交叉	8 886	231 310	120 651						
39	公路与连接线相交	6 796	434 106	109 601						
40	平交道涵	42 926	65 722	10 782						

实训总结

实务八

编制工程建设其他费用及回收金额计算表（06表）

一、实训目的与要求

（1）明确工程建设其他费用的组成。

（2）明确需计算回收金额的材料。

二、实训方法与步骤

（1）工程建设其他费用共十一项，按具体发生的费用项目填写，需要说明和具体计算的费用项目依次在相应说明或计算式栏内填写或具体计算。

（2）土地征用及拆迁补偿费按规定的土地补偿单价、数量和安置补助费标准、数量等，列式计算所需费用，将结果填入金额栏。

（3）建设单位管理费包括建设单位（业主）管理费、工程质量监督费、工程监理费、工程定额测定费、设计文件审查费、竣（交）工验收试验检测费，按“建筑安装工程费乘以相关费率”或按照有关定额列式计算。

（4）研究试验费应根据设计需要进行研究试验的项目分别填写项目名称及金额，或列式计算或进行说明。

（5）建设项目前期工作费按国家有关规定填入本表，列式计算。

（6）专项评价（估）费按国家有关规定填入本表，列式计算。

（7）施工机构迁移费按实际发生列式计算。

（8）供电贴费按国家规定计算（目前停止征收）。

（9）联合试运转费以建筑安装工程费为基数，独立特大桥梁按0.075%计算，其他工程按0.05%计算。

（10）生产人员培训费按设计定员和2 000元/人的标准计算。

（11）固定资产投资方向调节税按国家规定计算（目前停止征收）。

（12）建设期贷款利息根据不同的资金来源，按需付息的分年度投资计算（计算公式见《编制办法》第31页）。

（13）预备费包括价差预备费和基本预备费，按相应公式进行计算。

（14）回收金额对需要计算回收的材料按回收率进行计算。

三、注意事项

（1）工程建设其他费用及回收金额均按需要进行计算，没有发生的费用无须计算。

（2）可将预算总金额计算填列至06表最下一行。

（3）按地方规定计算有关费用时，要注意各地规定中的细则要求。

四、实训范例

将实训项目中工程建设其他费用及回收金额计算表（06表）取第1页（表2-18）作为范例（该项目06表共1页）。

五、上交资料

每人上交实训报告一份。

表 2-18　工程建设其他费用及回收金额计算表

建设项目名称：龙嘉一级路工程

编制范围：K22＋300～K27＋650

第 1 页　共 1 页　06 表

序号	费用名称及回收金额项目	说明及计算式	金额/元	备注
	第三部分　工程建设其他费用		14 146 932	
一	土地征用及拆迁补偿费		8 217 620	
1	青苗补偿及占地拆迁费用		8 217 620	
(1)	青苗补偿及占地拆迁费用	8 217 620.22×1	8 217 620	
二	建设项目管理费		3 790 802	
1	建设单位管理费	{建设单位管理费}（建安工程费为基数）	1 640 860	1 640 859.97
2	工程质量监督费	建安工程费×0.15%	112 366	74 910 868×0.15%
3	工程监理费	建安工程费×2.5%	1 872 772	74 910 868×2.5%
4	工程定额测定费	建安工程费×0.12%	89 893	74 910 868×0.12%
5	设计文件审查费	建安工程费×0.1%	74 911	74 910 868×0.1%
四	建设项目前期工作费		2 138 510	
1	勘察设计费	2 138 510×1	2 138 510	
	第四部分 预备费		2 674 171	
二	基本预备费	（建安工程费＋设备及工具、器具购置费＋工程建设其他费用）×3%	2 674 171	（74 910 868＋81 249＋14 146 932）×3%
	预算总金额	第一、二、三部分费用合计＋预备费＋新增加费用项目（不作预备费基数）	91 813 220	89 139 049＋2 674 171＋0

编制：　　　　复核：

实 训 报 告

日期： 班级： 组别： 姓名： 学号：

实训任务	编制工程建设其他费用及回收金额计算表（06 表）	成绩	
实训目的			
实训内容	（1）工程建设其他费用包括哪些费用？ （2）预备费包括哪些费用？ （3）回收金额何时需要计算？怎样计算？		
实训总结			

实务九

编制总概（预）算表（01表）

一、实训目的与要求

（1）明确总概预算表中项、目、节的构成。

（2）掌握各项费用的数据来源。

（3）掌握概预算费用的构成。

二、实训方法与步骤

（1）本表“项”“目”“节”“细目”“工程或费用名称”“单位”按《编制办法》中概预算项目表的序列及内容填写，“目”“节”“细目”可视需要增减，但“一、二、三部分”及“项”的序号应保留不变。

（2）数量栏、概预算金额栏由03、05、06表转来。计算第一部分建筑安装工程费时，需要将建筑安装工程费计算表03表中的数据转来；计算第二部分设备及工具、器具购置费时，需要将设备及工具、器具购置费计算表（05表）中的数据转来；计算第三部分工程建设其他费用时，要将工程建设其他费用及回收金额计算表（06表）中的数据转来。

（3）技术经济指标栏用各项目概预算金额除以相应数量计算。

（4）各项费用比例栏用各项概预算金额除以总概预算金额计算。

三、注意事项

（1）本表可反映一个单项或单位工程的各项目费用组成，如一个建设项目分成若干单项工程编制概预算时，可用总概预算汇总表（01-1表）进行汇总。

（2）要将概预算项目表（见《编制办法》附录四）所列工程费用名称中本工程涉及的项目列出，不涉及的项目不列，注意某“项”如果没有，需要保留序号，“目”“节”“细目”如果没有，可依次递补改变序号。

（3）在01表最后，要计算第一、二、三部分费用合计，之后再列出预备费用，最后累计得出概预算总金额。

（4）计算各项费用比例时，只需计算“部分”“项”在概预算总造价中所占比例并填入表中，“目”“节”“细目”在概预算总造价中所占比例不必计算。

四、实训范例

将实训项目中总预算表取第1页（表2-19）作为范例（该项目01表共6页）。

五、上交资料

每人上交实训报告一份。

表 2-19 总预算表

建设项目名称：龙嘉一级路工程

编制范围：K22＋300～K27＋650　　　　第 1 页　共 6 页　　01 表

项	目	节	细目	工程或费用名称	单位	数量	预算金额/元	技术经济指标	各项费用比例/%	备注
				第一部分 建筑安装工程费	公路公里	5.565	74 910 868	13 461 072.42	81.59	
一				临时工程	公路公里	5.565	595 843	107 069.72	0.65	
	1			临时道路	km	0.560	211 292	377 307.14		
	2			临时便桥	m/座	8.000 / 1.000	12 330	1 541.25 / 12 330.00		
	3			临时轨道铺设	km	0.440	39 641	90 093.18		
	4			临时电力线路	km	1.000	49 563	49 563.00		
	5			临时电信线路	km	1.000	4 903	4 903.00		
	6			便道圆管涵	m/道	60.000 / 10.000	198 779	3 312.98 / 19 877.90		
	7			施工场地硬化	m^2	10 000.000	49 335	4.93		
	8			电机井	口	1.000	30 000	30 000.00		
二				路基工程	km	5.565	29 439 746	5 290 161.01	32.06	
	1			场地清理	km	5.565	158 506	28 482.66		
		1		清理与掘除	km	5.565	121 457	21 825.16		
			1	伐树、挖根、除草	km	5.565	121 457	21 825.16		
		2		挖除旧路面	m^2	7 191.000	37 049	5.15		
			1	挖除沥青混凝土路面	m^2	7 191.000	37 049	5.15		
	2			挖方	m^3	5.565	90 315	16 229.11		
		1		挖土方	m^3	5.565	90 315	16 229.11		
			1	机械土方	m^3	22 719.000	90 315	3.98		

编制：　　　　复核：

实　训　报　告

日期：　　　　班级：　　　　组别：　　　　姓名：　　　　学号：

<table>
<tr><td>实训任务</td><td>编制总概（预）算表（01 表）</td><td>成绩</td><td></td></tr>
<tr><td>实训目的</td><td colspan="3"></td></tr>
<tr><td>实
训
内
容</td><td colspan="3">（1）工程总概（预）算包括哪些费用？

（2）技术经济指标和各项费用比例如何计算？

（3）各项目预算金额从何而来？</td></tr>
</table>

续表

实训内容

（4）表 2-20 为总概（预）算表（01 表）的一部分，请计算技术经济指标并填入表中。

表 2-20　填制总概（预）算表

项	目	节	细目	工程或费用名称	单位	数量	预算金额/元	技术经济指标
三				路面工程	km	5.565	26 204 475	
	1			路面垫层	m^2	5.565	1 050 497	
		1		碎石垫层	m^2	74 487.000	1 050 497	
	2			路面底基层	m^2	110 422.000	3 262 757	
		1		石灰粉煤灰稳定类底基层	m^2	110 422.000	3 262 757	
	3			路面基层	m^2	121 566.000	6 843 669	
		1		石灰粉煤灰稳定类基层	m^2	121 566.000	6 843 669	
	4			透层、黏层、封层	m^2	5.565	2 130 333	
		1		透层	m^2	121 566.000	814 286	
		2		黏层	m^2	114 457.000	220 128	
		3		封层	m^2	121 566.000	1 095 919	
			1	沥青表处封层	m^2	121 566.000	1 095 919	
	5			沥青混凝土面层	m^2	5.565	11 348 324	
		1		中粒式沥青混凝土面层	m^2	114 457.000	6 638 460	
		2		细粒式沥青混凝土面层	m^2	114 457.000	4 709 864	
	6			路槽、路肩及中央分隔带	km	5.565	87 394	
		1		培路肩	m^2	8 265.000	87 394	
	7			路面排水	km		773 994	
		1		拦水带	m	460.000	7 102	
			1	水泥混凝土	m	460.000	7 102	
		2		集水井	处	11.000	621 935	
		3		排水盲沟	10 m/单相	1 127.906	144 957	
	8			拌和设备安、拆	座	2.000	707 507	

实训总结

实务十

编制人工、材料、机械台班数量汇总表（02表）

一、实训目的与要求

（1）明确人工、材料、机械台班数量汇总表如何进行分项统计。

（2）掌握场外运输损耗的计算方式。

（2）明确各人工、材料、机械的规格名称来源。

二、实训方法与步骤

（1）将08-2表中所用到的人工、材料、机械的规格名称及单位抄录过来。

（2）将08-2表中已划分好的工程项目填入02表上部的分项统计各栏。

（3）人工、各种材料、各种机械台班的数量按不同工程项目的08-2表进行统计，只需将08-2表中该项目人工、材料或机械的最右侧合计数量栏分别累加即可。

（4）场外运输损耗率见《编制办法》11页表3-2，根据材料的不同进行损耗率的取用，场外运输损耗数量由各分项统计数量的和乘以该材料的损耗率得出。

（5）总数量栏由各分项统计数量的和加上场外运输损耗数量得出。

三、注意事项

（1）本表可反映一个单项或单位工程的人工、材料、机械台班数量汇总，如一个建设项目分成若干单项工程编制概预算，可用总概预算人工、材料、机械台班数量汇总表（02-1表）进行汇总。

（2）本表各栏数据由分项工程概预算基础数据表（08-2表）及辅助生产人工、材料、机械台班单位数量表（12表）经分析计算后统计而来。

（3）发生的冬、雨期及夜间施工增工及临时设施用工，根据有关附录规定计算后列入本表有关费用内。

（4）在抄录人工、材料、机械种类时注意不要漏项。

（5）场外运输损耗是针对有运输损耗的材料，对于无运输损耗的材料则不需要进行计算。

（6）进行02表编制时，不要忘记汇总按费率或指标计算的增工、增料数量，其要在分项中列项。

四、实训范例

将实训项目中人工、材料、机械台班数量汇总表（02 表）取第 1 页（表 2-21）作为范例（该项目 02 表共 7 页）。

五、上交资料

每人上交实训报告一份。

表 2-21　人工、材料、机械台班数量汇总表

建设项目名称：龙嘉一级路工程

编制范围：K22＋300～K27＋650　　　　第 1 页　共 7 页　　02 表

序号	规格名称	单位	总数量	分项统计										场外运输损耗	
				临时工程	路基工程	路面工程	桥梁涵洞工程	交叉工程	公路设施及预埋管线工程	绿化及环境保护工程		辅助生产	其他	%	数量
1	人工	工日	177 084	2 224	95 216	12 210	17 735	17 221	9 547	8 855			14 074		
2	机械工	工日	25 311	252	14 971	5 953	499	2 234	485	917					
3	原木	m^3	27	14	3	3	3	4	0						
4	锯材木中板 § ＝19～35	m^3	70	6	25	3	8	28	0						
5	枕木	m^3	15	15											
6	光圆钢筋直径 10～14 mm	t	176	1	122	9	11	32	1						
7	带肋钢筋直径 15～24 mm，25 mm 以上	t	584		118	2	141	323							
8	钢绞线普通，无松弛	t	53					53							
9	波纹管钢带	t	4					4							
10	型钢	t	15	0	1	1	2	12	0						
11	钢板	t	17	0		0	1	9	7						
12	钢管	t	1		0		1	1							
13	镀锌钢板	t	0						0						
14	钢丝绳	t	2					0	2						
15	电焊条	kg	5 294		1 706	0	286	1 915	1 387						
16	螺栓	kg	10 205						10 205						
17	钢管立柱	t	231					0	231						

编制：　　　　　　　　　　复核：

实 训 报 告

日期：　　　　　班级：　　　　　组别：　　　　　姓名：　　　　　学号：

实训任务	编制人工、材料、机械台班数量汇总表（02表）	成绩	
实训目的			
实训内容	（1）人工、材料、机械台班数量如何按分项进行汇总？ （2）如何计算场外运输损耗？ （3）如何计算人工、材料、机械台班总数量？		

续表

实训内容

(4) 根据表 2-22 中给出的各分项工程的材料用量及场外运输损耗率，计算各种材料的场外运输损耗数量及总数量。

表 2-22　填制场外运输损耗数量及总数量

序号	规格名称	单位	总数量	分项统计							场外运输损耗	
				临时工程	路基工程	路面工程	桥梁涵洞工程	交叉工程	公路设施及预埋管线工程	绿化及环境保护工程	%	数量
49	钢拉带	t			257							
50	草籽	kg			33					1 900	1.00	
51	油毛毡	m^2					668	96				
52	32.5 级水泥	t			1 787	391	957	914	522		1.00	
53	42.5 级水泥	t		34			46	662			1.00	
54	石油沥青	t			1	1 651	23	97			1.00	
55	重油	kg				144 425	227	9 514				
56	汽油	kg		432	6 663	2 146	26	335	4 891			
57	柴油	kg		5 027	749 927	286 331	8 900	20 213		8 250		
58	煤	t				57		0			1.00	
59	电	kW·h		132	35 937	144 032	31 370	210 433	21 573			
60	水	m^3		182	12 105	14 597	4 360	7 199	2 166	5 659		
61	生石灰	t			1 245	8 567		479			3.00	
62	土	m^3				11 079		1 292			3.00	
63	砂	m^3				4 834	967	588			2.50	
64	中（粗）砂	m^3		58	3 593	1 045	2 113	1 857	990		2.50	
65	砂砾	m^3		946	12 532	6 966	621	126			1.00	
66	天然级配	m^3		2 039							1.00	
67	黏土	m^3			157 272		142	437		6 538	3.00	
68	片石	m^3		50	3 773	879	4 390	590				
69	粉煤灰	m^3				32 186		1 778			3.00	

实训总结

第三部分　公路工程施工招投标造价编制实务

实务一

公路工程招标标底文件编制

一、实训目的与要求

（1）熟悉施工招标应具备的条件及招标的程序。
（2）掌握标底文件编制的程序和方法。
（3）学会编制标底文件。

二、实训方法与步骤

1. 准备工作

（1）熟悉招标图纸和说明。标底编制前，应仔细阅读招标图纸和说明，如发现图纸、说明和技术规范有矛盾或不符、不够明确的地方，应要求招标文件编制单位给予交底或澄清。

（2）熟悉招标文件内容。对投标须知、合同条款、工程量清单和辅助资料表中与报价有关的内容要搞清楚，对业主“三通一平”的提供程度、价格调整的有关规定、预付款额度、工程质量和工期要求等都要明确。

（3）考察工程现场。对工程施工现场条件和周围环境进行实地考察，以作为考虑施工方案、工程特殊技术措施费和临时工程设置等的依据。

（4）进行材料价格调查。掌握当地材料、设备的实际市场价格，砂、石等地方材料的料场价、运距、运费和料源等也要调查收集。

2. 工程量计算

（1）复核工程量清单。首先要弄清楚工程量清单中工程数量的范围，应根据图纸和技术规范中计量支付的规定计算复核工程数量，如与工程量清单有出入，必须搞清楚出入的原因。

（2）按定额计算工程量。以工程量清单的每一个细目作为一个项目，根据图纸和施工组织方案，考虑其由几个定额子目组成，并计算这几个定额项目的工程量。

3. 确定工、料、机单价

根据准备工作中收集到的资料，计算和确定人工、材料、机械台班单价。

4. 计算综合费率

综合费率由其他工程费、间接费、计划利润、技术装备费费率等组成，要根据招标文件中有关条款和概预算编制办法的有关规定确定各项费率。

5. 计算工程项目总金额

按概预算编制办法计算各项工程项目的总金额，也就是编制一个完整的概预算。

6. 编制标底单价

根据工程量清单各工程细目所包含的工作内容及相应的计量与支付办法，在概预算工作的基础上，对概预算 08 表中的分项工程进行适当合并、分解或用其他技术处理，然后按综合费率再增加税金、包干费等项目后确定出各工程细目的标底单价。也可直接利用标底 03 表，在增加包干费等项目后算出每项的合计金额，除以该项工程量则得出单价。以上表格请参照《公路工程标准施工招标文件》。

7. 计算标底总金额

按工程量清单计算各章金额，其中 100 章总则中的保险费、临时工程费、监理工程师设施等按实际费用计算列入，其余各章按工程量清单中的数量乘以计算得出的单价计算，然后计算工程量清单汇总表，得出标底总金额。

8. 编写标底说明

计算出标底总金额后，应写出标底编制说明。编制说明的内容与概预算编制说明差不多，主要涉及编制依据、费率取定、问题说明等有关内容。最后将编制说明、标价的工程量清单、人工和主要材料数量汇总表等合订在一起，就完成一份完整的标底文件。

三、注意事项

（1）标底要按工程量清单的项目和数量进行编制。

（2）标底可根据现场具体情况，考虑必要的工程特殊措施费，如边通车边施工路段具体的维持通车的措施费。

（3）标底可根据具体工程和不同的承包方式考虑不同的包干系数。

（4）标底中的其他工程费、间接费、利润、税金的费率应根据招标工程的规模、地区条件、招标方式和投标单位的实际情况取定。

（5）标底只计算工程量清单的费用，主要是指建筑安装工程部分的费用。

（6）标底应根据具体工期要求和施工组织计划编制。

四、实训范例

1. 工程概述

珲春至乌兰浩特高速公路是《国家高速公路网规划》中的一条东西横线，同时也是《振兴东北老工业基地公路水路交通发展规划纲要》区域交通一体化中的第四条横线。农安至松原段高速公路是珲春至乌兰浩特高速公路中的一段，路线起于农安县，止于松原市。路线起点位于农安县西的马玉屯附近，起点桩号 K642＋000，与长春至农安段高速公路终点顺接；路线终点位于孙喜窝棚村西侧，终点桩号 K727＋256.203，与大庆至广州高速公路通过枢纽互通相接。

路段全长85.256 km，其中新线段长34.988 km，利用原一级公路长50.268 km。设大桥3座415 m，中桥1座65 m，涵洞57道。互通立交4处，分离立交6处，通道42处，天桥61座（含人行天桥11座）。路面结构为4 cm改性沥青玛琋脂碎石混合料上面层、6 cm中粒式沥青混凝土中面层、8 cm密级配沥青碎石混合料下面层；水泥稳定碎石基层、二灰稳定粒料底基层。

（1）设计标准。本项目采用的设计标准如下：

①新线段。

设计速度：100 km/h四车道高速公路标准。

路基宽度：26 m。

桥涵设计洪水频率：大、中、小桥及涵洞为1/100。

②利用原一级公路封闭段。

设计速度：100 km/h四车道高速公路标准。

路基宽度：25.5 m（保持原一级公路宽度）。

（2）招标范围。本次招标内容为NSM02（K708＋700～K727＋256）合同段新建路面工程，主要工程内容包括面层、基层、底基层和垫层。

2. 工程标底编制

工程标底编制见表3-1～表3-6。

五、上交资料

每人上交实训报告一份。

表3-1　工程量清单表

合同段编号：×××高速公路路面02标（K708＋700－K727＋256）　　标表2

第300章　路面					
细目号	细目名称	单位	数量	单价/元	合价/元
302－2	砂砾垫层				
－a	厚20 cm	m^2	72 619.000	24.94	1 811 118
－d	厚60 cm	m^2			
304－2－a	水泥稳定砂砾基层				
－1	厚20 cm		297.000	40.16	11 928
304－2－b	水泥稳定碎石基层				
－1	厚20 cm	m^2	10 381.000	53.39	554 242
－2	厚32 cm	m^2	450 883.000	86.74	39 109 591
305－1	石灰粉煤灰稳定粒料底基层				
－a	厚15 cm	m^2			

续表

第 300 章　路面					
细目号	细目名称	单位	数量	单价/元	合价/元
—b	厚 16 cm	m^2	459 533.000	27.42	12 600 395
—c	厚 20 cm	m^2	12 840.000	33.34	428 086
307—1	透层	m^2	450 883.000	6.45	2 908 195
307—2	黏层	m^2	854 330.000	2.30	1 964 959
307—3	下封层	m^2	450 883.000	9.80	4 418 653
308—1	改性沥青玛瑢脂碎石混合料				
—a	厚 3 cm	m^2			
—b	厚 4 cm	m^2	427 165.000	59.87	25 574 369
308—2	中粒式沥青混凝土				
—a	厚 6 cm	m^2	427 165.000	60.73	25 941 730
308—3	粗粒式沥青混凝土				
—a	厚 8 cm	m^2	427 165.000	71.96	30 738 793
311—1	水泥混凝土面板				
—a	厚 18 cm	m^2	10 624.000	85.00	903 040
312—1	培土路肩	m^3	19 731.520	7.10	140 094
312—4	C30 级混凝土预制块加固土路肩	m^3	503.700	592.71	298 548
312—5	混凝土预制块路缘石 12 cm×18 cm	m	31 312.000	11.92	373 239
313—4	中央分隔带渗沟	m	14 193.000	113.43	1 609 912
313—6	路面渗沟				
—a	5 cm×15 cm	m	19 752.000	6.59	130 166
—b	5 cm×11 cm	m	7 764.000	6.54	50 777
—c	5 cm×10 cm	m	291.000	6.53	1 900
313—7	水泥混凝土预制拦水带 12 cm×26 cm	m	24 088.000	13.81	332 655
316—1	粒料改善路面				
—a	3 cm 厚砂土磨耗层	m^2			
—b	20 cm 厚粒料改善土壤路面	m^2			
第 300 章　合计　人民币　149 902 390 元					

表 3-2　计日工劳务单价表

合同段编号：×××高速公路路面 02 标段（K708＋700～K727＋256）

编号	代号	项目名称	单位	基本单价/元
D101	1	人工	工日	43.18
D102	2	机械工	工日	43.18

表 3-3　计日工施工机械单价表

合同段编号：×××高速公路 02 标段（K708＋700～K727＋256）

编号	代号	项目名称	单位	基本单价/元
D203		轮式装载机		
－3	439	3 m^3 以内	台班	1 366.02
D204		自行式平地机		
－1	444	120 kW 以内	台班	1 229.88
D205		压路机		
－7	472	10 t 以内双驱双振	台班	1 281.84
－8	473	12 t 以内双驱双振	台班	1 387.2
－9	544	9～16 t 轮胎式	台班	417.96
D206		稳定土拌和机械		
－1	506	250 T/H 以内稳定土厂拌设备	台班	1 165.44
－2	503	230 kW 以内稳定土拌和机械	台班	2 448.82
D211		自卸汽车		
－1	651	12 t 以内	台班	1 016.11
D212	499	240 t/h 沥青混合料拌和设备	台班	76 154.47
D213	542	12 m 以内沥青混合料摊铺机	台班	3 836.09

表 3-4　计日工材料单价表

合同段编号：×××高速公路路面 02 标段（K708＋700～K727＋256）

编号	代号	项目名称	单位	基本单价/元
D301		木材		
—1	10	原木	m^3	1 065.45
—2	11	锯材	m^3	1 412.93
D304		水泥		
	243	32.5 级	t	441.62
	244	42.5 级	t	441.62
D306		碎石		
—3	327	路面用 1.5 cm	m^3	122.02
—4	328	路面用 2.5 cm	m^3	120.67
—5	329	路面用 3.5 cm	m^3	117.97
D307	260	石油沥青	t	4 447.83
D308	278	生石灰	t	213.37
D309	313	粉煤灰	m^3	61.96
D310	261	改性石油沥青	t	5 663.99

表 3-5　单价分析表（03 表格式）

合同段编号：×××高速公路路面 02 标段（K708+700～K727+256）　　货币单位：人民币（元）　　标表 4-1

编号	项目名称	单位	工程量	人工费	材料费	机械费	工、料、机合计	综合费率/%	综合费	摊销费	合计	单价
302—2—a	厚 20 cm	m^2	72 619.000	1 382	1 433 281	57 677	1 492 340	21.361	318 778		1 811 118	24.94
304—2—a—1	厚 20 cm		297.000	50	8 710	1 088	9 848	21.121	2 080			40.16
304—2—b—1	厚 20 cm	m^2	10 381.000	1 756	417 660	37 949	457 365	21.181	96 876		554 242	53.39
304—2—b—2	厚 32 cm	m^2	450 883.000	124 828	29 192 667	2 957 867	32 275 362	21.175	6 834 230		39 109 591	86.74
305—1—b	厚 16 cm	m^2	459 533.000	77 072	8 916 816	1 413 966	10 407 854	21.066	2 192 541		12 600 395	27.42
305—1—c	厚 20 cm	m^2	12 840.000	2 063	308 745	42 691	353 499	21.099	74 587		428 086	33.34
308—1—b	厚 4 cm	m^2	427 165.000	37 025	19 370 564	1 684 579	21 092 168	21.251	4 482 201		25 574 369	59.87
308—2—a	厚 6 cm	m^2	427 165.000	47 959	19 251 367	2 099 024	21 398 350	21.232	4 543 380		25 941 730	60.73
313—6—a	5 cm×15 cm	m	19 752.000	41 756	61 972		103 728	25.488	26 438		130 166	6.59
313—6—b	5 cm×11 cm	m	7 764.000	16 413	24 033		40 447	25.540	10 330		50 777	6.54
313—6—c	5 cm×10 cm	m	291.000	615	898		1 513	25.601	387		1 900	6.53

表 3-6　单价分析表（08 表格式）

项目编号：304—2—b—2

项目名称：厚 32 cm　　单位：m^2　　数量：450 883.000　　单价：86.74 元　　摊销费：元　　标表 4-3

代号	工程项目			水泥稳定类			厂拌基层稳定土混合料运输			基层稳定土厂拌设备安装、拆除			机械铺筑厂拌基层稳定土混合料		
	工程细目			水泥碎石压实厚度 32 cm 水泥剂量 5%			15 t 内自卸汽车装 4.639 km			稳定土厂拌设备生产能力 300 t/h 内			摊铺机铺筑宽度 9.5 m 以内基层		
	定额单位			1 000 m^2			1 000 m^3			1 座			1 000 m^2		
	工程数量			450.883			144.282			1.400			450.883		
	定额表号			2—1—7～5+6×17.0			2—1—8—21+22×7.278			2—1—10—4			2—1—9—9 改		
	工、料、机名称	单位	单价/元	定额	数量	金额/元	定额	数量	金额/元	定额	数量	金额/元	定额	数量	金额/元
1	人工	工日	21.14	6.200	2 795.475	59 096				868.300	1 215.620	25 698	4.200	1 893.709	40 033
102	锯材木中板 §=19～35	m^3	1 350.00							0.010	0.014	19			
182	型钢	t	5 100.00							0.040	0.056	286			
272	组合钢模板	t	5 780.00							0.086	0.120	696			
651	铁件	kg	5.50							85.300	119.420	657			
832	32.5 级水泥	t	400.00	35.744	16 116.361	6 446 545				69.040	96.656	38 662			
866	水	m^3	0.41	38.000	17 133.554	7 025				353.000	494.200	203			
899	中（粗）砂	m^3	94.50							230.010	322.014	30 430			
931	片石	m^3	101.00							288.180	403.452	40 749			
952	碎石（4 cm）	m^3	105.00							80.360	112.504	11 813			
958	碎石	m^3	106.50	470.050	211 937.554	22 571 350									

续表

代号	工程项目			水泥稳定类			厂拌基层稳定土混合料运输			基层稳定土厂拌设备安装、拆除			机械铺筑厂拌基层稳定土混合料		
	工程细目			水泥碎石压实厚度32 cm水泥剂量5%			15 t内自卸汽车装4.639 km			稳定土厂拌设备生产能力300 t/h内			摊铺机铺筑宽度9.5 m以内基层		
	定额单位			1 000 m^2			1 000 m^3			1座			1 000 m^2		
	工程数量			450.883			144.282			1.400			450.883		
	定额表号			2—1—7—5+6×17.0			2—1—8—21+22×7.278			2—1—10—4			2—1—9—9改		
	工、料、机名称	单位	单价/元	定额	数量	金额/元	定额	数量	金额/元	定额	数量	金额/元	定额	数量	金额/元
981	块石	m^3	119.60							263.120	368.368	44 057			
996	其他材料费	元	1.00							126.500	177.100	177			
1027	0.6 m^3履带式单斗挖掘机	台班	477.61							5.080	7.112	3 397			
1051	3.0 m^3轮胎式装载机	台班	952.66	0.990	446.374	425 243									
1075	6～8 t光轮压路机	台班	241.02										0.280	126.247	30 428
1078	12～15 t光轮压路机	台班	420.53										2.540	1 145.243	481 609
1160	300 t/h以内稳定土厂拌设备	台班	961.06	0.580	261.512	251 329									
1165	9.5 m稳定土摊铺机	台班	1 914.68										0.480	216.424	414 382
1272	250 L以内强制式混凝土搅拌机	台班	80.86							4.060	5.684	460			

续表

代号	工程项目			水泥稳定类			厂拌基层稳定土混合料运输			基层稳定土厂拌设备安装、拆除			机械铺筑厂拌基层稳定土混合料		
	工程细目			水泥碎石压实厚度32 cm水泥剂量5%			15 t内自卸汽车装4.639 km			稳定土厂拌设备生产能力300 t/h内			摊铺机铺筑宽度9.5 m以内基层		
	定额单位			1 000 m^2			1 000 m^3			1座			1 000 m^2		
	工程数量			450.883			144.282			1.400			450.883		
	定额表号			2—1—7—5+6×17.0			2—1—8—21+22×7.278			2—1—10—4			2—1—9—9改		
	工、料、机名称	单位	单价/元	定额	数量	金额/元	定额	数量	金额/元	定额	数量	金额/元	定额	数量	金额/元
1388	15 t以内自卸汽车	台班	718.76				10.703	1 544.320	1 109 995						
1393	20 t以内平板拖车组	台班	698.13							7.740	10.836	7 565			
1405	6 000 L以内洒水汽车	台班	525.56										0.620	279.547	146 919
1451	12 t以内汽车式起重机	台班	690.55							1.880	2.632	1 818			
1456	40 t汽车式起重机	台班	2 040.20							11.790	16.506	33 676			
1458	75 t汽车式起重机	台班	3 063.76							11.790	16.506	50 570			
1998	小型机具使用费	元	1.00							376.300	526.820	527			
1999	定额基价	元	1.00	26 134	11 783 376	11 783 376	7 332	1 057 876	1 057 876	186 424	260 994	260 994	2 551.000	1 150 203.000	1 150 203

续表

代号	工程项目			水泥稳定类			厂拌基层稳定土混合料运输			基层稳定土厂拌设备安装、拆除			机械铺筑厂拌基层稳定土混合料		
	工程细目			水泥碎石压实厚度 32 cm 水泥剂量 5%			15 t 内自卸汽车装 4.639 km			稳定土厂拌设备生产能力 300 t/h 内			摊铺机铺筑宽度 9.5 m 以内基层		
	定额单位			1 000 m^2			1 000 m^3			1 座			1 000 m^2		
	工程数量			450.883			144.282			1.400			450.883		
	定额表号			2—1—7—5+6×17.0			2—1—8—21+22×7.278			2—1—10—4			2—1—9—9 改		
	工、料、机名称	单位	单价/元	定额	数量	金额/元	定额	数量	金额/元	定额	数量	金额/元	定额	数量	金额/元
	其他工程费	元				1 597 846			26 483			15 648			59 777
	间接费 规费	元													
	间接费 企业管理费	元				1 283 344			27 104			12 568			48 011
	利润	元		7.000		2 284 924	7.000		81 447	7.000		22 377	7.000		85 481
	税金	元		3.410		1 191 001	3.410		42 454	3.410		11 664	3.410		44 556
	合计	元				36 117 702			1 287 434			353 716			1 351 197
	单位单价	元				80 104			8 923			252 654			2 997
	每平方米单价	元				80.10			2.86			0.78			3.00

续表

代号	工程项目											合计	
	工程细目												
	定额单位												
	工程数量												
	定额表号												
	工、料、机名称	单位	单价/元	定额	数量	金额/元	定额	数量	金额/元	定额	数量	金额/元	数量	金额/元
1	人工	工日	21.14										5 904.803	124 828
102	锯材木中板 § =19～35	m^3	1 350.00										0.014	19
182	型钢	t	5 100.00										0.056	286
272	组合钢模板	t	5 780.00										0.120	696
651	铁件	kg	5.50										119.420	657
832	32.5 级水泥	t	400.00										16 213.017	6 485 207
866	水	m^3	0.41										17 627.754	7 227
899	中（粗）砂	m^3	94.50										322.014	30 430
931	片石	m^3	101.00										403.452	40 749
952	碎石（4 cm）	m^3	105.00										112.504	11 813
958	碎石	m^3	106.50										211 937.554	22 571 350
981	块石	m^3	119.60										368.368	44 057
996	其他材料费	元	1.00										177.100	177
1027	0.6 m^3履带式单斗挖掘机	台班	477.61										7.112	3 397

续表

代号	工程项目											合计	
	工程细目												
	定额单位												
	工程数量												
	定额表号												
	工、料、机名称	单位	单价/元	定额	数量	金额/元	定额	数量	金额/元	定额	数量	金额/元	数量	金额/元
1051	3.0 m^3轮胎式装载机	台班	952.66										446.374	425 243
1075	6～8 t 光轮压路机	台班	241.02										126.247	30 428
1078	12～15 t 光轮压路机	台班	420.53										1 145.243	481 609
1160	300 t/h 以内稳定土厂拌设备	台班	961.06										261.512	251 329
1165	9.5 m稳定土摊铺机	台班	1 914.68										216.424	414 382
1272	250 L 内强制式混凝土搅拌机	台班	80.86										5.684	460
1388	15 t 以内自卸汽车	台班	718.76										1 544.320	1 109 995
1393	20 t 以内平板拖车组	台班	698.13										10.836	7 565
1405	6 000 L 以内洒水汽车	台班	525.56										279.547	146 919
1451	12 t 以内汽车式起重机	台班	690.55										2.632	1 818

续表

代号	工程项目												合计	
	工程细目													
	定额单位													
	工程数量													
	定额表号													
	工、料、机名称	单位	单价/元	定额	数量	金额/元	定额	数量	金额/元	定额	数量	金额/元	数量	金额/元
1456	40 t 汽车式起重机	台班	2 040.20										16.506	33 676
1458	75 t 汽车式起重机	台班	3 063.76										16.506	50 570
1998	小型机具使用费	元	1.00										526.820	527
1999	定额基价	元	1.00										14 252 449	14 252 448
	其他材料费	元												
	其他机械使用费	元												
	其他工程费	元												1 699 754
	间接费 规费	元												
	间接费 企业管理费	元												1 371 027
	利润	元												2 474 230
	税金	元												1 289 675
	合计	元												39 110 048
	单位单价	元												344 678
	每平方米单价	元												86.74

实 训 报 告

日期：　　班级：　　组别：　　姓名：　　学号：

实训任务	工程标底编制	成绩	
实训目的			

实训内容

(1) 列式计算表 3-7 中工、料、机合计和单价金额值，并填入表中。

表 3-7 填制工料机合计、单价金额值

代号	工、料、机名称	单位	单价/元	定额	数量	金额/元
1	人工	工日	21.14	6.200	2 795.475	
832	32.5 级水泥	t	400.00	35.744	16 116.361	
866	水	m^3	0.41	38.000	17 133.554	
958	碎石	m^3	106.50	470.050	211 937.554	
1051	3.0 m^3 轮胎式装载机	台班	952.66	0.990	446.374	
1160	300 t/h 以内稳定土厂拌设备	台班	961.06	0.580	261.512	
	其他工程费	元				1 597 846
	企业管理费	元				1 283 344
	利润	元		7.000		2 284 924
	税金	元		3.410		1 191 001
	合计	元				
	单位单价	元				
	每平方米单价	元				

(2) 计算标底单价有哪几种方法？如何计算？

续表

实训内容

（3）分析确定表 3-8 中工、料、机费用来源，列式计算综合费用并填入表中。

表 3-8 填制综合费用

编号	项目名称	单位	工程量	人工费	材料费	机械费	综合费率/%	综合费
302—2—a	厚 20 cm	m^2	72 619.000	1 382	1 433 281	57 677	21.361	
304—2—a—1	厚 20 cm		297.000	50	8 710	1 088	21.121	
304—2—b—1	厚 20 cm	m^2	10 381.000	1 756	417 660	37 949	21.181	
304—2—b—2	厚 32 cm	m^2	450 883.000	124 828	29 192 667	2 957 867	21.175	
305—1—b	厚 16 cm	m^2	459 533.000	77 072	8 916 816	1 413 966	21.066	
305—1—c	厚 20 cm	m^2	12 840.000	2 063	308 745	42 691	21.099	
308—1—b	厚 4 cm	m^2	427 165.000	37 025	19 370 564	1 684 579	21.251	
308—2—a	厚 6 cm	m^2	427 165.000	47 959	19 251 367	2 099 024	21.232	

（4）标底与概、预算的主要区别有哪些？

实训总结

实务二

公路工程投标报价文件编制

一、实训目的与要求

（1）明确投标报价的组成部分及内容。

（2）掌握投标报价文件编制的程序和方法。

（3）学会投标报价的计算方式。

（4）掌握投标报价的策略与技巧。

（5）学会编制投标报价文件。

二、实训方法与步骤

（1）研究招标文件。

（2）草拟初步施工组织设计方案，提出考察工程现场的提纲。

（3）考察工程现场，进行市场调查，收集编标所需要的各种资料、价格。按需要向业主、咨询工程师用书面提出问题，参加业主召开的标前会议，澄清有关部门问题。

（4）校核、汇总工程数量。

（5）计算施工及临时工程费用。

（6）计算人工费、材料费、施工机械使用费。

（7）单位估价计算。

（8）直接工程费用计算。

（9）其他工程费用计算。

（10）间接费用计算。

（11）成本分析、利润金额。

（12）保本价格分析。

（13）最终报价，形成正式投标文件。

（14）递送投标文件，参加开标会议。

三、注意事项

1. 仔细核实工程量

工程量是整个计算标价工作的基础。招标项目的工程量在招标文件的工程量清单中有详细说明，但由于种种原因，工程量清单中的工程数量有时会和图纸中的数量存在不一致的现象。因此，有必要进行复核，核实工程量。

核实工程量可从两方面入手：一是认真研究招标文件，吃透技术规范；二是通过切实考察取得第一手资料。具体来讲应做好以下几项工作：

（1）全面核实设计图纸中各分项工程的工程量。

（2）计算受施工方案影响而需额外发生和消耗的工程量。

（3）根据技术规范中计量与支付的规定，对以上数量进行折算，在折算过程中有时需要对设计图纸中的工程量进行分解或合并。

2. 重视施工组织设计的编制

在编制施工组织设计时，应注意以下事项：

（1）充分满足技术上的先进性和可靠性，最大限度地提高劳动生产率，降低施工成本。

（2）充分利用现有的施工机械设备，提高施工机械的使用率以降低机械施工成本。

（3）采用先进的管理手段，优化施工进度计划，选择最优施工排序，均衡安排施工，尽量避免施工高峰的赶工现象和施工低谷中的窝工现象，机动安排非关键线路上的剩余资源，从非关键线路上要效益。

（4）适当聘用当地员工或临时工，降低施工队伍调遣费，减少窝工现象。

3. 明确报价的组成部分及内容

一个项目的投标报价由施工成本、利润和税金、风险费用三部分组成。在投标报价中应科学地编制以上三项费用，使总报价既有竞争力，又有利可图。

4. 掌握市场情报和信息，确定投标策略

报价策略是投标单位在激烈竞争的环境下为了企业的生存与发展而可能使用的对策，报价策略运用是否得当，对投标单位能否中标和获得的利润影响很大。

四、实训范例

（一）工程概况

1. 概述

芜太公路高淳段养护改善工程位于江苏省高淳县境内，施工起讫桩号为K18＋000～K34＋500，全长16.5 km，起点位于高淳变电所太安路交叉口处，终点位于河定桥边，本合同段为二级公路的改造工程，沥青混凝土路面，施工时封闭交通。

2. 地理情况及气象水文

本路线区域位于长江冲积平原外缘，本合同段地形起伏较大，全线场地内主要为农田、沟塘，部分地段水网密布。场地地貌隶属岗地微丘下坳沟地貌单元。该地区位于长江下游，属亚热带季风气候区，气候受季风环流影响较大，四季分明，冬夏温差显著，春季天气多变，初夏梅雨多水。该地区光照充足，全年平均无霜期为237天。

3. 交通与运输条件

施工区段内交通便利，沿线筑路材料供应丰富。

4. 技术标准

本项目按二级公路标准设计，路面结构采用沥青混凝土路面，设计使用年限为 12 年。主线设计行车速度为 80 km/h，平均设计车道累计当量轴次为 205.12 万次/车道沥青混凝土路面，设计弯沉为 0.361 mm。设计荷载为汽—20 级，挂—100 级，路基宽度为 17 m，路面宽度为 14 m。桥涵与路基同宽，道路路线呈东西走向。

5. 主要工程量

（1）基层。

厚 15 cm 二灰碎石：1 258.4 m^2；

厚 18 cm 二灰碎石：237 884.17 m^2；

厚 36 cm 二灰碎石：10 147.83 m^2。

（2）面层。

1 cm 厚乳化沥青下封层：247 059 m^2；

厚 3 cm AC-13I 细粒式沥青混凝土上面层：8 147.33 m^2；

厚 4 cm AC-16I 细粒式沥青混凝土上面层：230 226.75 m^2；

厚 5 cm AC-16I 中粒式沥青混凝土下面层：12 059.2 m^2；

厚 6 cm AC-20I 中粒式沥青混凝土下面层：230 226.83 m^2；

厚 3.0 cm 沥青表处：1 144 m^2；

厚 5 cm C20 水泥混凝土面板：91.70 m^2。

（3）路缘石。

C25 混凝土路缘石预制、安装：714.50 m^3。

（4）玻纤格栅。

玻纤格栅：5 400 m^2。

（二）招标范围

本次招标包括路面基层和路面面层两种结构形式，路面基层新建及拓宽部分基层采用 18 cm 厚二灰碎石；老路采用二灰碎石进行补强，补强厚度为 36 cm；匝道基层为 15 cm 厚二灰碎石。路面采用 4 cm 中粒式（AC-16I）沥青混凝土上面层，6 cm 中粒式（AC-20I）沥青混凝土下面层，1 cm 沥青封层。匝道路面采用 3 cm 细粒式（AC-13I）沥青混凝土上面层，5 cm 中粒式（AC-16I）沥青混凝土下面层。面层与基层间设沥青封层。

（三）投标报价编制

投标报价编制见表 3-9～表 3-11。

表 3-9 工程量清单

合同段编号：C2（K18＋000～K34＋500）　　货币单位：人民币（元）　　第 1 页　共 1 页

清单　第 100 章　总则					
项目号	项目名称	单位	工程数量	投标单价	合价/元
102－1	竣工文件	总额			20 000
103－1	临时道路修建、养护与拆除	km	0.4	6 625.00	2 650

续表

清单　第 100 章　总则					
项目号	项目名称	单位	工程数量	投标单价	合价/元
103－2	临时工程用地	亩	35	1 000.00	35 000
103－3	临时供电设施	总额			200 000
103－5	供水与排污设施	总额			
清单　第 100 章合计　人民币　257 650					

表 3-10　工程量清单

合同段编号：C2（K18＋000～K34＋500）　货币单位：人民币（元）　第 1 页　共 1 页

清单　第 300 章　路面					
项目号	项目名称	单位	工程数量	投标单价	合价/元
306－1	石灰粉煤灰稳定碎石基层				
306－1－a	厚 15 cm	m^3	188.76	131.00	24 728
306－1－b	厚 18 cm	m^3	42 819.15	139.36	5 967 277
306－1－c	厚 36 cm	m^3	3 653.22	140.16	512 035
307－1	沥青下封层				
307－1－a	厚 1 cm	m^2	247 059	3.74	924 001

续表

清单　第 300 章　路面					
项目号	项目名称	单位	工程数量	投标单价	合价/元
308—1	沥青混凝土面层				
308—1—a	厚 3 cm 细粒式（AC-13I）	m^3	244.42	745.25	182 154
308—1—b	厚 4 cm 中粒式（AC-16I）	m^3	9 209.07	692.79	6 379 952
308—1—c	厚 5 cm 中粒式（AC-16I）	m^3	602.96		
308—1—d	厚 6 cm 中粒式（AC-20I）	m^3	13 813.61	613.24	8 840 817
308—2	沥青表面处治				
308—2—a	厚 2.5 cm 沥青表处	m^3	0		
308—2—b	厚 3.0 cm 沥青表处	m^3	34.32	467.89	16 058
310—1	水泥混凝土面板				
310—1—a	厚 5 cm C20 混凝土	m^3	91.70	261.56	23 985
310—1—b	厚 20 cm C30 混凝土	m^3	0		
311—1	C25 混凝土路缘石				
311—1—a	路缘石预制	m^3	714.50	327.27	233 834
311—1—b	路缘石安装	m^3	714.50	188.10	134 397
其他	玻纤格栅	m^2	5 400	13.26	71 604
清单　第 300 章合计　人民币　23 310 842					

表 3-11　工程量清单汇总表

合同编号：C2（K18+000～K34+500）　　货币单位：人民币（元）

序号	章次	科目名称	金额
1	100	总则	257 650
2	200	路基	
3	300	路面	2 331 084
4	400	桥梁、涵洞	
5	500	隧道	
6	600	安全设施及预埋管线	
7	700	绿化及环境保护	
8	第 100～700 章清单合计		23 568 492
9	按上述（8）金额的 4%作为不可预见因素的暂定金额		942 740
10	按上述（8）金额的 2%作为计日工的暂定金额		4 471 370
11	投标价（8+9+10）=11		24 958 402

五、上交资料

每人上交实训报告一份。

实 训 报 告

日期：　　　　班级：　　　　组别：　　　　姓名：　　　　学号：

<table>
<tr><td>实训任务</td><td>投标报价编制</td><td>成绩</td><td></td></tr>
<tr><td>实训目的</td><td colspan="3"></td></tr>
<tr><td>实
训
内
容</td><td colspan="3">（1）列式计算表 3-12 投标单价并填入表中。

表 3-12　填制投标单价

<table>
<tr><td colspan="6">清单　　第 400 章　　桥梁、涵洞</td></tr>
<tr><td>项目号</td><td>细目名称</td><td>单位</td><td>数量</td><td>投标单价/元</td><td>金额/元</td></tr>
<tr><td>403－1</td><td>基础钢筋</td><td></td><td></td><td></td><td></td></tr>
<tr><td>403－1－a</td><td>光圆钢筋</td><td>kg</td><td>10 446.5</td><td></td><td>62 575</td></tr>
<tr><td>403－1－b</td><td>带肋钢筋</td><td>kg</td><td>50 133.84</td><td></td><td>312 835</td></tr>
<tr><td>403－2</td><td>下部结构钢筋</td><td></td><td></td><td></td><td></td></tr>
<tr><td>403－2－a</td><td>光圆钢筋</td><td>kg</td><td>8 047.34</td><td></td><td>50 054</td></tr>
<tr><td>403－2－b</td><td>带肋钢筋</td><td>kg</td><td>26 064.59</td><td></td><td>160 819</td></tr>
<tr><td>403－3</td><td>上部结构钢筋</td><td></td><td></td><td></td><td></td></tr>
<tr><td>403－3－a</td><td>光圆钢筋</td><td>kg</td><td>23 183.3</td><td></td><td>140 027</td></tr>
<tr><td>403－3－b</td><td>带肋钢筋</td><td>kg</td><td>66 014.06</td><td></td><td>433 052</td></tr>
</table>

（2）如何按综合单价计算法计算标价？</td></tr>
</table>

实训内容	（3）分析确定表3-13中的工程数量来源，列式计算相关细目金额并填入表中。 **表3-13　填制相关细目金额** （见下表） （4）投标报价的计算与标底的编制有何区别？
实训总结	

表3-13　填制相关细目金额

清单　　第200章　　路基					
项目号	细目名称	单位	数量	投标单价/元	金额/元
207—1	浆砌片石边沟	m			
207—1—a	Ⅰ型	m	2 550	252.88	
207—1—b	Ⅱ型	m	3 640	179.46	
207—1—c	浅碟形	m	485	16.70	
207—1—d	土边沟	m	1 462.6	21.56	
207—2	浆砌片排水沟				
207—2—a	Ⅰ型	m	24 102.2	5.75	
207—2—b	Ⅱ型	m	2 422.8	209.16	

第四部分　公路工程造价软件应用实务

实务一

纵横 SmartCost 造价软件应用

一、实训目的

（1）通过软件操作，全面培养识图能力和做预算报表时的分析能力。

（2）通过实训，加深对该软件的基本理论、基本知识、基本方法的掌握与运用。

（3）软件操作过程中，使学生逐渐形成怎样理解图纸、如何计算工程量的观念。

（4）能用纵横 SmartCost 造价软件编制造价文件。

二、实训要求

（一）对教师的要求

实训是培养和提高学生专业技能的关键，教师要认真负责，对每次实训要做到有计划、有控制、有指导、有实训成绩、有实训讲评。教师对实训课要像上正课一样，不得离开教室或实训室，对整个实训过程要作具体指导，以便学生顺利完成实训任务。

（二）对学生的要求

对学生的要求包括道德要求和技术性要求两个方面。

1. 道德要求

（1）纵横造价软件实训的操作过程要符合计算机基本操作。

（2）纵横造价软件实训的编制步骤要符合国家定额或清单规范。

（3）学生在进行纵横造价软件实训时，态度要端正，目的要明确，作风要踏实，操作要认真，以一个设计人员或计量人员的身份参与实训。

2. 技术性要求

（1）编制人员、单位的设置要准确、完整。

（2）计量图纸的平立剖面图、细部构造、文字说明要清晰、工整、规范。

（3）报价要符合国家或省级的规范。

（4）能独立完成基本的预算编制。

（5）存档保存要有备份。

三、实训步骤

用纵横造价软件编制造价文件主要按以下步骤进行。

1. 建立建设项目

需要编制哪个项目的造价文件，则需先建立这样的建设项目。

2. 建立造价文件

造价文件一般以编制范围或标段命名。

3. 建立概预算项目表

即划分该造价文件的项目组成结构，一般按部颁标准项目表进行划分，根据工程项目的规模不同，项目表的划分可粗可细。

4. 输入工程数量

根据已建立完成的项目选择不同的施工工艺及施工方法，并根据设计文件或工程图纸进行工程量输入。

5. 选择项目计算方式

以套用定额、数量单价计算或以基数计算。

第一部分，建筑安装工程费，为实体项目，一般以套用定额或数量单价类计算；第二、三部分，实为各项管理费用，一般以基数计算类计算。

6. 输入工、料、机预算单价

第 5 步中对项目套用了定额，定额内含工、料、机消耗量，这时录入工、料、机预算单价，即可计算出造价。

7. 设置工程各项利税费率值

$$各项基数\times利税费率=各项利税费$$

8. 报表输出

可根据不同需要对报表的纸张、页面及报表格式进行设置，按照不同需要输出不同格式的报表，完成报表的编排工作。

一个建设项目下可能包括多个编制范围或标段。如需对同一项目下的不同范围或不同标段分别编制其造价，则可通过新建多个造价文件完成。

四、注意事项

（一）实训准备阶段

（1）实训指导教师应指导学生读懂工程图纸，让学生明确实训的目的、要求，以及操作标准。

（2）学生要固定机位，人手一份工程图纸或资料。

（二）实训操作阶段

每次实训都应在实训指导教师的具体指导下进行，学生应认真完成实训任务。实训的具体操作如下：

（1）纵横报价：指导老师直接上机教学。

（2）纵横计量支付：指导老师直接上机演示（了解）。

（3）纵横网络计划：指导老师直接上机演示（了解）。

（三）总结阶段

学生操作完毕后，实训指导教师和学生应当及时进行总结，总结工作包括以下几项：

（1）学生撰写实训总结报告（主要谈实训的收获）。

（2）实训指导老师对整个实训作总评。

（3）实训指导老师评定学生实训成绩。

五、实训范例

某公路建设项目路基填筑工程，采用8 t自卸汽车运输土方3 km。用纵横造价软件进行定额调整。

主定额：1—1—11—9　　　　　　8 t以内自卸汽车运输第一个1 km；

辅助定额：1—1—11—10　　　　　8 t以内自卸汽车运输每增运0.5 km×4。

下面是以本例进行的操作讲解：

8 t自卸汽车运输土方，实际运距为3 km，则输入实际值，无须关心应采用哪个辅助定额，应调整多少增量，系统会自动完成相关定额调整的内容。具体操作内容如下。

1. 打开定额调整视图

单击需调整的定额，再单击左侧“定额调整”图标«，展开定额调整视图（展开/隐藏切换），出现如图4-1所示界面。

2. 输入运距实际值

在图4-1的右边的“实际值”一栏中输入实际的数值，即运距“3”。

3. 查看调整结果

输入实际数值后单击“定额调整”图标«，回到正常状态，则可在调整状态栏看到调整状态。

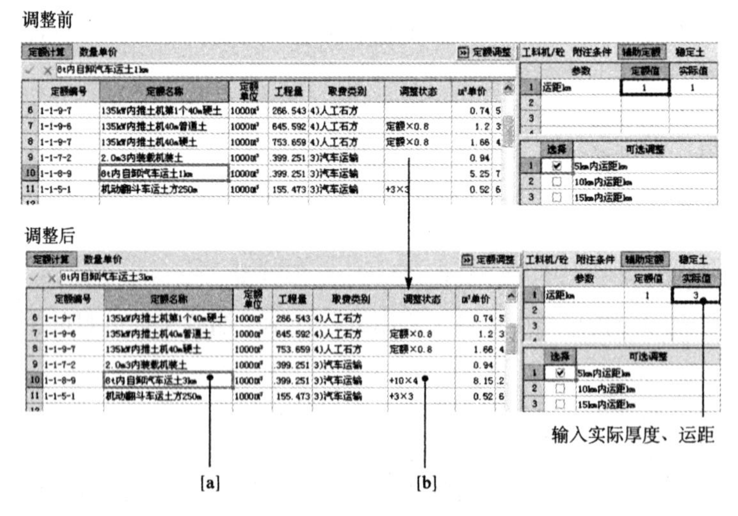

图4-1　定额调整视图

说明：

(1) 对补充定额，可以自定义辅助定额。

(2) [a] 表示自动改写定额名称。

(3) [b] 表示自动进行辅助定额调整，显示调整状态。

六、上交资料

每人上交实训报告一份。

实 训 报 告

日期：　　　　班级：　　　　组别：　　　　姓名：　　　　学号：

实训任务	用纵横造价软件编制土石方工程预算文件	成绩	
实训目的			

实训内容

某一级公路全长 18.34 km，地处松原市境内，其路基填方总量（压实方）为 1 266 897 m^3，采用机械化施工，土已备在路基两侧，试根据以下条件用纵横造价软件计算土方施工的预算总价。

1. 费率属性

① 工程所在地：吉林省；② 费率标准：部颁费率标准 2007 年第 33 号；③ 冬期施工气温区：冬五区；④ 雨期施工雨量区及雨季期：Ⅰ区，2 个月；⑤ 车船养路费标准：北京市标准；⑥ 主副食运费补贴计算综合里程：10 km；⑦ 工地转移费按工地转移里程 100 km 计；⑧ 高原、沿海、风沙地区及行车干扰施工增加费均不计。

2. 单价属性

按软件默认输入。

3. 工程属性

① 税率：3.41%；② 线路长 18.34 km，养护月数为 2 个月；③ 公路等级：一级，新建；④ 施工期一年，不计年工程造价增长费。

4. 工料机单价

① 人工单价：43.18 元/工日；② 柴油单价：6.85 元/kg。

5. 土石方工程建安工程项目及数量表

土石方工程建安工程项目及数量见表 4-1。

表 4-1　土石方工程建安工程项目及数量

工程项目（项目表）	工程细目（定额细目表）	单位	工程量	定额号及调整情况
借土方填筑	2 m^3 以内挖掘机挖装普通土	m^3	215 705	10109008
	15 t 以内自卸汽车运输土方 8 km	m^3	221 366	10111021＋23×14
	135 kW 以内推土机推运普通土 50 m	m^3	719 285	10112014＋16×3
	10 m^3 以内铲运机铲运第 1 个 100 m 普通土	m^3	359 642	10113006
	2 m^3 以内轮胎式装载机装土方	m^3	143 857	10110002
	4 000 L 以内洒水汽车运距 6 km	m^3	147 577	10122001＋3×10
	高速、一级路 20 t 振动压路机碾压	m^3	1 266 897	10118005

6. 问题

假定第二、三部分费用均不考虑，试用纵横造价管理系统软件计算该工程土石方工程项目的建筑安装工程费用。

实 训 报 告

日期：　　　　班级：　　　　组别：　　　　姓名：　　　　学号：

实训任务	用纵横造价软件编制钢筋混凝土盖板涵工程预算文件	成绩	
实训目的			

实训内容

湖北省新建一条六车道高速公路，有一座钢筋混凝土盖板涵，标准跨径 4 m，涵高 3 m，八字墙。路基宽度为 35 m。其施工图设计主要工程量见表 4-2。

表 4-2　施工图设计主要工程量

序号	项　　目	单位	工程量
1	挖基坑土方（干处）	m^3	480
2	浆砌片石基础、护底截水沟	m^3	510
3	浆砌片石台、墙	m^3	365
4	混凝土帽石	m^3	0.9
5	矩形板混凝土	m^3	78
6	矩形板钢筋	t	8

C25 混凝土预制矩形板，设有一处预制场计 1 000 m^2，场地需平整碾压，30%面积需铺厚 15 cm 砂砾垫层，20%面积需用 2 cm 水泥砂浆抹平，作为预制板底模。构件运输 4 km。

1. 费率属性

① 工程所在地：湖北省；② 费率标准：部颁费率标准 2007 年第 33 号；③ 冬期施工气温区：准一区；④ 雨期施工雨量区及雨季期：Ⅱ区，6 个月；⑤ 车船养路费采用北京市标准；⑥ 主副食运费补贴计算综合里程：5 km；⑦ 工地转移费按工地转移里程 50 km 计；⑧ 高原、沿海、风沙地区及行车干扰施工增加费均不计。

2. 工程属性

① 税率：3.41%；② 线路长 10 km，养护月数为 1 个月；③ 公路等级：高速，新建；④ 施工期一年，不计年工程造价增长费。

3. 工料机单价

① 人工单价：43.18 元/工日；② 柴油单价：6.85 元/kg。

续表

实训内容

4. 盖板涵工程建安工程项目及数量表

盖板涵工程建安工程项目及数量见表4-3。

表4-3 盖板涵工程建安工程项目及数量

工程项目	工程细目（定额细目表）	单位	工程量	定额号及调整情况
钢筋混凝土盖板涵	人工挖基坑3 m内土方（干处）	m^3	480	40101001
	浆砌片石基础、护底、截水墙	m^3	510	40502001
	浆砌片石台、墙（10 m以内）	m^3	365	40502005
	钢筋混凝土帽石（钢模起重机配吊斗）	m^3	0.9	40603002
	预制矩形板混凝土（跨径4 m以内）	m^3	78	40709001
	矩形板钢筋	t	8	40709003
	安装矩形板（起重机安装）	m^3	78	40710002
	预制构件运输4 km（8 t汽车起重机装卸）	m^3	78	40803009＋13×6
	预制场地平整	m^2	400	41101002
	预制场地铺砂砾垫层	m^3	22	41105001
	预制场地水泥砂浆抹面（厚2 cm）	m^2	90	41106017
	沉降缝高3 m计10道（沥青麻絮料）	m^2	60	41107013

5. 问题

假定第二、三部分费用均不考虑，试用纵横造价管理系统软件计算该盖板涵工程项目的建筑安装工程费用。

实务二

同望 WCOST 造价软件应用

一、实训目的

（1）通过软件操作，全面培养识图能力和做预算报表时的分析能力。
（2）通过实训，提高学生对该软件基本操作的掌握与运用。
（3）在软件操作过程中，逐渐建立学生对图纸认知、工程量计算等知识的框架。
（4）能够较熟练地运用同望 WCOST 造价软件编制造价文件。

二、实训要求

（一）对教师的要求

为了培养和提高学生的专业技能，教师要认真负责做好以下事项：
（1）做好实训计划与控制。
（2）对整个实训过程进行具体指导。
（3）要针对学生实训实际情况进行讲评，并给出最终实训成绩。

（二）对学生的要求

（1）编制人员、单位的设置要准确、完整。
（2）计量图纸的平立剖面图、细部构造、文字说明要清晰、工整、规范。
（3）报价要符合国家或省级的规范。
（4）能独立完成基本的预算编制。
（5）存档保存要有备份。

三、实训步骤

用同望 WCOST 造价软件编制造价文件主要按以下步骤进行。

1. 新建建设项目文件

一个建设项目文件，可以包含一个或多个单项工程文件，以及与之配套的单价、费率和定额文件，通过这些文件的组合计算，最终可以得到项目工程的造价。单项工程文件，是指路线文件、独立桥梁文件、路线标文件、独立桥梁标文件 4 种文件中的某一具体的工程文件。

2. 准备定额、费率、单价文件

（1）准备定额文件。

在新建建设项目时已经选择了建设项目类型（如施工图预算），则在打开建设项目后，在“视窗”→“定额”菜单中就已经有“部颁预算定额”文件。如果在施工图预算中需要用到概算定额等情况，可通过“导入文件”来实现。

（2）准备费率文件。

通过新建费率文件或调用已有的费率文件，可以准备一个与工程文件匹配的费率文件，以便在编制造价时调用。

（3）准备单价文件。

① 制定养路费及车船使用税。

② 新建单价文件。

③ 调用单价文件。

3. 建立单项工程文件

根据所要编制的建设项目中各分部分项工程新建各自的有关文件。创建单项工程文件的项目表之前，必须先新建一个单项工程文件。

（1）建立文件。

（2）确定工程属性。

4. 建立项目表

建立项目表即划分该造价文件的项目组成结构，一般按部颁标准项目表进行划分，根据工程项目的规模不同，项目表可按照需求划分。内容包括：

（1）标准增加项、目、节。

（2）非标准增加项、目、节。

5. 输入工程量

当完成项目表的编制后，选择“项目文件”→“填写公路千米（桥梁米）数量”菜单命令，系统会给单位为“公路千米”的所有分项填写路线（桥梁）长度。同时，应根据已建立完成的项目选择不同的施工工艺及施工方法，并根据设计文件或工程图纸进行工程量输入。

6. 定额录入、调整及取费

（1）定额录入。

（2）确定取费类别。

（3）定额调整。

7. 计算第二、三部分费用

（1）选取增加费用项目。

（2）输入计算项目。

（3）输入计算式。

8. 工、料、机分析及单价计算

（1）工、料、机分析。

（2）输入单价。

（3）材料单价计算。

（4）机械台班单价计算。

（5）预算价计算。

9. 造价计算

利用同望造价软件生成所需造价。

（1）计算。

（2）汇总。

10. 审核并输出报表

系统提供了编制汇总报表和三种审核汇总报表格式，可根据需要审核和输出不同格式的报表，完成报表的审核、编排工作。

报表的输出主要包括页面设置、打印预览、输出方式的选择等工作。

一个建设项目下可能包括多个编制范围或标段。如需对同一项目下的不同范围或不同标段分别编制其造价，则可通过新建多个造价文件完成。

四、实训注意事项

（一）实训准备阶段

（1）实训指导教师应指导学生读懂工程图纸，让学生明确实训的目的、要求，以及操作标准。

（2）学生要固定机位，人手一份工程图纸或资料。

（二）实训操作阶段

每次实训都应在实训指导教师的具体指导下进行，学生应认真完成各次实训任务。实训的具体操作如下：

（1）同望 WCOST 报价：指导老师直接上机教学。

（2）同望 WCOST 计量支付：指导老师直接上机演示（了解）。

（3）同望 WCOST 网络计划：指导老师直接上机演示（了解）。

（三）总结阶段

学生操作完毕后，实训指导教师和学生应当及时进行总结，总结工作包括：

（1）学生撰写实训总结报告（主要谈实训的收获）。

（2）实训指导老师对整个实训作总评。

（3）实训指导老师评定学生实训成绩。

五、实训范例

（一）范例一

某桥梁工程，位于吉林省长春市内，临时汽车便道长 3.6 km，路基宽 4.5 m，路面宽 3.5 m，钢便桥 1 座，2 个墩，桥长 260 m，桩长 8 m。

主定额：7—1—1—3　路基宽 4.5 m 的山岭重丘汽车便道。

辅助定额：7—1—1—6　路面宽 3.5 m 的山岭重丘汽车便道。

主定额：7—1—2—1　汽车临时钢便桥。

辅助定额：7—1—2—2　桩长 10 m 以内的汽车便桥。

具体操作内容如下。

1. 选套定额

在该工程下选择要增加的位置，单击鼠标右键，在弹出的快捷菜单中选择“增加”→“定额”命令，新增一条空记录，单击该空记录“编号”右侧的[...]按钮，弹出“选择定额”对话框，从定额的下拉框中选择需要的定额库。

进入定额库中找到所需选套的定额，选中需要增加的定额，再单击鼠标右键，从弹出的快捷菜单中选择“添加选中行”命令，即可将所需定额添加到预算书中。

2. 查看调整结果

可在预算书和工料机备注栏中看到增加后的状态。

说明：也可以在预算书空白处单击鼠标右键，在弹出的快捷菜单中选择“选择”→“定额”命令，如图4-2所示，之后步骤同本例。

◎70101003	定额	汽车便道路基宽4.5 m山岭重丘区	km
◎70101006	定额	汽车便道路面厚15 cm，宽3.5 m	km
◎70102001	定额	汽车钢便桥	10 m
◎70102002	定额	汽车便桥墩桩长10 m以内	座

图4-2 选择“定额”命令

（二）范例二

某沥青混合料路面基层摊铺工程，基层为厚20 cm的水泥稳定水泥砂，设计混合配合比为9.5∶82∶8.5，采用8 t以内自卸汽车运输，运距5 km。

主定额：2—1—7—1　压实厚度为15 cm，配合比为10∶83∶7的厂拌基层水泥砂。

辅助定额：2—1—7—2　压实厚度每增减1 cm，配合比为10∶83∶7的厂拌基层水泥砂。

主定额：2—1—8—9　8 t以内自卸汽车运输厂拌基层水泥砂第一个1 km。

辅助定额：2—1—8—10　8 t以内自卸汽车运输厂拌基层水泥砂每增运0.5 km（平均运距5 km）。

具体操作如下。

1. 选套定额

同上例，将所需定额添加到预算书中。

2. 调整定额

基层实际厚度、配合比、实际运距均与定额不同，需要调整。

首先，选中水泥砂土定额，单击右下侧“配合比调整”图标PB，直接在“调整为”一栏中将要调整的配合比例输入，按回车键确认，系统会自动生成最后单材的配合比（配合比之和为100%），同时自动修改定额名称。

其次，选中的水泥砂土定额不变，单击右下侧“标准调整”图标BZ，勾选实际厚度，输入实际厚度，按回车键确认。

最后，选中运输定额，单击“标准调整”图标BZ，勾选实际运距，输入运输距离5，按回车键确认。

3. 查看调整结果

输入实际数据后按回车键，则可在预算书和工料机备注栏中看到调整后的状态。

说明：

（1）对补充定额，可以自定义辅助定额。

（2）调整过的定额，在其编号后系统自动加上“换”字，表示调整过的定额（图4-3和图4-4）。

调整前：

◎20107001	定额	厚 15 cm 水泥砂土 10∶83∶7	1 000 m^2
◎20107002	定额	每增减 1 cm 水泥砂土 10∶83∶7	1 000 m^2
◎20108009	定额	8 t 以内自卸汽车运输第一个 1 km	1 000 m^3
◎20108010	定额	8 t 以内自卸汽车运输每增运 0.5 km	1 000 m^3

图 4-3　调整前示图

调整后：

◎20107001 换	定额	厚 20 cm 水泥砂土 9.5∶82∶8.5	1 000 m^2
◎20107002	定额	每增减 1 cm 水泥砂土 10∶83∶7	1 000 m^2
◎20108009 换	定额	8 t 以内自卸车运输第一个 1 km	1 000 m^3
◎20108010	定额	8 t 以内自卸汽车运输每增运 0.5 km	1 000 m^3

图 4-4　调整后示图

六、上交资料

每人上交实训报告一份。

实 训 报 告

日期：　　　　班级：　　　　组别：　　　　姓名：　　　　学号：

实训任务	用同望造价软件编制路面工程预算文件	成绩	
实训目的			

实训内容

某二级公路全长8.6 km，位于河北省，主要设计资料如下。试根据以下条件用同望造价软件计算土方施工的预算总价。

1. 主要设计资料

① 路基宽12 m，上铺石灰稳定土基层厚20 cm（机械沿路拌和）；路面为水泥混凝土路面，宽9.0 m，厚25 cm；路肩为土路肩，宽1.5 m；② 该路段以机械施工为主，工期一年（不计物价上涨费），工地转移距离100 km，主副食综合里程15 km；③ 本路段共占用农田4.85亩，青苗补偿费按5 000元/亩计算；④ 汽车临时便道4 km，路基宽7.0 m，无路面；⑤ 临时输电线路（三线橡皮线）800 m，支线600 m；⑥ 供电贴费按总电量每kW·h补助0.25元计算；⑦ 本路段交工前养护里程8.6 km，平均养护月数为3个月。

2. 费率属性

① 工程所在地：河北省；② 费率标准：部颁费率标准2007年第33号；③ 冬期施工气温区：冬一区；④ 雨期施工雨量区及雨季期：Ⅱ区，2个月；⑤ 主副食运费补贴计算综合里程25 km；⑥ 工地转移费按工地转移里程100 km计；⑦ 高原、风沙、沿海地区及行车干扰施工增加费均不计。

3. 工程属性

① 税率：3.41%；② 线路长8.6 km，养护月数为3个月；③ 公路等级：二级，新建；④ 施工期一年，不计年工程造价增长费。

4. 工料机单价

① 人工单价：46元/工日；② 柴油单价：6.75元/kg。

5. 水泥混凝土路面工程建安工程项目及数量表

水泥混凝土路面工程建安工程项目及数量见表4-4。

表4-4 水泥混凝土路面工程建安工程项目及数量

工程项目	工程细目（定额细目表）	单位	工程量	定额号及调整情况
水泥混凝土路面	滑模式摊铺机铺筑路面厚25 cm	m^2	77 400	20217005＋06×5
	6 m^3以内混凝土搅拌运输车运输3 km	m^3	19 350	41111021×4
	拉杆、传力杆及钢筋	t	26	20217014＋15
	60 m^3/h以内混凝土搅拌站拌和	m^3	19 350	41111012
	60 m^3/h以内混凝土搅拌站安拆	座	1	41111008

续表

实训内容	

6. 临时工程建安工程项目及数量表

临时工程建安工程项目及数量见表4-5。

表4-5 临时工程建安工程项目及数量

工程项目	工程细目（定额细目表）	单位	工程量	定额号及调整情况
临时工程	汽车便道宽7 m平原微丘区	km	4	70101001
	角铁横担干线三线橡皮线输电线路	m	800	70105002
	支线输电线路	m	600	70105003

7. 问题

试根据以上已知条件用同望造价管理系统软件计算该工程项目所列出项目的第一部分建安工程费用及第三部分工程建设其他费用。

实 训 报 告

日期：　　　　班级：　　　　组别：　　　　姓名：　　　　学号：

<table>
<tr><td>实训任务</td><td>用同望造价软件编制钢筋混凝土拱涵工程预算文件</td><td>成绩</td><td></td></tr>
<tr><td>实训目的</td><td colspan="3"></td></tr>
<tr><td>实
训
内
容</td><td colspan="3">

江苏省某新建二级公路，有一座钢筋混凝土拱涵，标准跨径 4 m，涵高 2.5 m，洞口为八字墙，涵洞长度为 28 m，拱部的断面为半圆形，路基宽度为 12 m。其施工图设计主要工程量见表 4-6。

表 4-6　施工图设计主要工程量

<table>
<tr><th>序号</th><th>项目</th><th>单位</th><th>工程量</th></tr>
<tr><td rowspan="8">钢筋混凝土拱涵</td><td>挖基坑 3 m 内土方（干处）</td><td>m^3</td><td>2 090</td></tr>
<tr><td>挖基坑石方</td><td>m^3</td><td>2 267</td></tr>
<tr><td>M5 浆砌片石基础</td><td>m^3</td><td>420</td></tr>
<tr><td>M7.5 浆砌片石台、墙</td><td>m^3</td><td>650</td></tr>
<tr><td>M7.5 浆砌片石涵底和洞口铺砌</td><td>m^3</td><td>78</td></tr>
<tr><td>M7.5 浆砌片石截水墙</td><td>m^3</td><td>80</td></tr>
<tr><td>混凝土帽石</td><td>m^3</td><td>2.86</td></tr>
<tr><td>C20 钢筋混凝土拱肋</td><td>m^3</td><td>90</td></tr>
</table>

1. 费率属性

① 工程所在地：江苏省；② 费率标准：部颁费率标准 2007 年第 33 号；③ 冬期施工气温区：准二区；④ 雨期施工雨量区及雨季期：II 区，4 个月；⑤ 车船养路费采用北京市标准；⑥ 主副食运费补贴计算综合里程：18 km；⑦ 工地转移费按工地转移里程 90 km 计；⑧ 高原、沿海、风沙地区及行车干扰施工增加费均不计。

2. 工程属性

① 税率：3.41%；② 线路长 12 km，养护月数为 2 个月；③ 公路等级：二级，新建；④ 施工期一年，不计年工程造价增长费。

3. 工料机单价

① 人工单价：48 元/工日；② 柴油单价：6.80 元/kg。

</td></tr>
</table>

续表

实训内容

4. 拱涵工程建安工程项目及数量表

拱涵工程建安工程项目及数量见表 4-7。

表 4-7　拱涵工程建安工程项目及数量

工程项目	工程细目（定额细目表）	单位	工程量	定额号及调整情况
钢筋混凝土拱涵	人工挖基坑 3 m 内土方（干处）	m^3	2 090	40101001
	人工挖基坑石方	m^3	2 267	40101007
	M5 浆砌片石基础	m^3	420	40502001
	M7.5 浆砌片石台、墙（10 m 以内）	m^3	650	40502005
	M7.5 浆砌片石涵底和洞口铺砌	m^3	78	40502001
	M7.5 浆砌片石截水墙	m^3	80	40502001
	预制混凝土帽石	m^3	2.86	40722005
	预制 C20 钢筋混凝土拱肋	m^3	90	40722001＋06
	安装 C20 钢筋混凝土拱肋	m^3	90	40723001

5. 问题

假定第二、三部分费用均不考虑，试用同望造价管理系统软件计算该拱涵工程项目的建筑安装工程费用。

附　录

附录一　全国冬期施工气温区划分表

附表 1　全国冬期施工气温区划分表

<table>
<tr><td>省、自治区、直辖市</td><td>地区、市、自治州、盟（县）</td><td colspan="2">气温区</td></tr>
<tr><td>北京</td><td>全境</td><td>冬二</td><td>Ⅰ</td></tr>
<tr><td>天津</td><td>全境</td><td>冬二</td><td>Ⅰ</td></tr>
<tr><td rowspan="5">河北</td><td>石家庄市、刑台市、邯郸市、衡水市（冀州市、枣强县、故城县）</td><td>冬一</td><td>Ⅱ</td></tr>
<tr><td>廊坊市、保定市（涞源县及以北除外）、衡水市（冀州市、枣强县、故城县除外）、沧州市</td><td rowspan="2">冬二</td><td>Ⅰ
Ⅰ</td></tr>
<tr><td>唐山市、秦皇岛市</td><td></td></tr>
<tr><td>承德市（围场县除外）、张家口市（沽源县、张北县、尚义县、康保县除外）、保定市（涞源县及以北）</td><td colspan="2">冬三</td></tr>
<tr><td>承德市（围场县）、张家口市（沽源县、张北县、尚义县、康保县）</td><td colspan="2">冬四</td></tr>
<tr><td rowspan="5">山西</td><td>运城市（万荣县、夏县、绛县、新绛县、稷山县、闻喜县除外）</td><td>冬一</td><td>Ⅱ</td></tr>
<tr><td>运城市（万荣县、夏县、绛县、新绛县、稷山县、闻喜县）、临汾市（尧都区、侯马市、曲沃县、翼城县、襄汾县、洪洞县）、阳泉市（盂县除外）、长治市（黎城县）、晋城市（城区、泽州县、沁水县、阳城县）</td><td rowspan="2">冬二</td><td>Ⅰ</td></tr>
<tr><td>太原市（娄烦县除外）、阳泉市（盂县）、长治市（黎城县除外）、晋城市（城区、泽州、沁水县、阳城县除外）、晋中市（寿阳县、和顺县、左权县除外）、临汾市（尧都区、侯马市、曲沃县、翼城县、襄汾县、洪洞县除外）、吕梁市（孝义市、汾阳市、文水县、交城县、柳林县、石楼县、交口县、中阳县）</td><td>Ⅱ</td></tr>
<tr><td>太原市（娄烦县）、大同市（左云县除外）、朔州市（右玉县除外）、晋中市（寿阳县、和顺县、左权县）、忻州市、吕梁市（离石区、临县、岚县、方山县、兴县）</td><td colspan="2">冬三</td></tr>
<tr><td>大同市（左云县）、朔州市（右玉县）</td><td colspan="2">冬四</td></tr>
<tr><td rowspan="3">内蒙古</td><td>乌海市、阿拉善盟（阿拉善左旗、阿拉善右旗）</td><td>冬二</td><td>Ⅰ</td></tr>
<tr><td>呼和浩特市（武川县除外）、包头市（固阳县除外）、赤峰市、鄂尔多斯市、巴彦淖尔市、乌兰察布市（察哈尔右翼中旗除外）、阿拉善盟（额济纳旗）</td><td colspan="2">冬三</td></tr>
<tr><td>呼和浩特市（武川县）、包头市（固阳县）、通辽市、乌兰察布市（察哈尔右翼中旗）、锡林郭勒盟（苏尼特右旗、多伦县）、兴安盟（阿尔山市除外）</td><td colspan="2">冬四</td></tr>
</table>

续表

省、自治区、直辖市	地区、市、自治州、盟（县）	气温区	
内蒙古	呼伦贝尔市（海拉尔区、新巴尔虎右旗、阿荣旗）、兴安盟（阿尔山市）、锡林郭勒盟（冬四区以外各地）	冬五	
	呼伦贝尔市（冬五区以外各地）	冬六	
辽宁	大连市（瓦房店市、普兰店市、庄河市除外）、葫芦岛市（绥中县）	冬二	Ⅰ
	沈阳市（康平县、法库县除外）、大连市（瓦房店市、普兰店市、庄河市）、鞍山市、本溪市（桓仁县除外）、丹东市、锦州市、阜新市、营口市、辽阳市、朝阳市（建平县除外）、葫芦岛市（绥中县除外）、盘锦市	冬三	
	沈阳市（康平县、法库县）、抚顺市、本溪市（桓仁县）、朝阳市（建平县）、铁岭市	冬四	
吉林	长春市（榆树市除外）、四平市、通化市（辉南县除外）、辽源市、白山市（靖宇县、抚松县、长白县除外）、松原市（长岭县）、白城市（通榆县）、延边自治州（敦化市、汪清县、安图县除外）	冬四	
	长春市（榆树市）、吉林市、通化市（辉南县）、白山市（靖宇县、抚松县、长白县）、白城市（通榆县除外）、松原市（长岭县除外）、延边自治州（敦化市、汪清县、安图县）	冬五	
黑龙江	牡丹江市（绥芬河市、东宁县）	冬四	
	哈尔滨市（依兰县除外）、齐齐哈尔市（讷河市、依安县、富裕县、克山县、克东县、拜泉县除外）、绥化市（安达市、肇东市、兰西县）、牡丹江市（绥芬河市、东宁县除外）、双鸭山市（宝洁县）、佳木斯市（桦南县）、鸡西市、七台河市、大庆市	冬五	
	哈尔滨市（依兰县）、佳木斯市（桦南县除外）、双鸭山市（宝洁县除外）、绥化市（安达市、肇东市、兰西县除外）、齐齐哈尔市（讷河市、依安县、富裕县、克山县、克东县、拜泉县）、黑河市、鹤岗市、伊春市、大兴安岭地区	冬六	
上海	全境	准二	
江苏	徐州市、连云港市	冬一	Ⅰ
	南京市、无锡市、常州市、淮安市、盐城市、宿迁市、扬州市、泰州市、南通市、镇江市、苏州市	准二	
浙江	杭州市、嘉兴市、绍兴市、宁波市、湖州市、衢州市、舟山市、金华市、温州市、台州市、丽水市	准二	

续表

省、自治区、直辖市	地区、市、自治州、盟（县）	气温区	
安徽	亳州市	冬一	Ⅰ
	阜阳市、蚌埠市、淮南市、滁州市、合肥市、六安市、马鞍山市、巢湖市、芜湖市、铜陵市、池州市、宣城市、黄山市	准一	
	淮北市、宿州市	准二	
福建	宁德市（寿宁县、周宁县、屏南县）、三明市	准一	
江西	南昌市、萍乡市、景德镇市、九江市、新余市、上饶市、抚州市、宜春市	准一	
山东	全境	冬一	Ⅰ
河南	安阳市、商丘市、周口市（西华县、淮阳县、鹿邑县、扶沟县、太康县）、新乡市、三门峡市、洛阳市、郑州市、开封市、鹤壁市、焦作市、济源市、濮阳市、许昌市	冬一	Ⅰ
	驻马店市、信阳市、南阳市、周口市（西华县、淮阳县、鹿邑县、扶沟县、太康县除外）、平顶山市、漯河市	准二	
湖北	武汉市、黄石市、荆州市、荆门市、鄂州市、宜昌市、咸宁市、黄冈市、天门市、潜江市、仙桃市、恩施自治州	准二	
	孝感市、十堰市、襄樊市、随州市、神农架林区	准一	
湖南	全境	准一	
四川	阿坝自治州（黑水县）、甘孜自治州（新龙县、道浮县、泸定县）	冬一	Ⅱ
	甘孜自治州（甘孜县、康定县、白玉县、炉霍县）	冬二	Ⅰ
	阿坝自治州（壤塘县、红原县、松潘县）、甘孜自治州（德洛县）		Ⅱ
	阿坝自治州（阿坝县、若尔盖县、九寨沟县）、甘孜自治州（石渠县、色达县）	冬三	
	广元市（青川县）、阿坝自治州（汶川县、小金县、茂县、理县）、甘孜自治州（巴塘县、雅江县、得荣县、九龙县、理塘县、乡城县、稻城县）、凉山自治州（盐源县、木里县）	准一	
	阿坝自治州（马尔康县、金川县）、甘孜自治州（丹巴县）	准二	
贵州	贵阳市、遵义市（赤水市除外）、安顺市、黔东南自治州、黔南自治州、黔西南自治州	准一	
	六盘水市、毕节地区	准二	
云南	迪庆自治州（德钦县、香格里拉县）	冬一	Ⅱ
	曲靖市（宣城市、会泽县）、丽江市（玉龙县、宁蒗县）、昭通市（昭阳区、大关县、威信县、彝良县、镇雄县、鲁甸县）、迪庆自治州（维西县）、怒江自治州（兰坪县）、大理自治州（剑川县）	准一	

续表

省、自治区、直辖市	地区、市、自治州、盟（县）	气温区	
西藏	拉萨市（当雄县除外）、日喀则地区（拉孜县）、山南地区（浪卡子县、错那县、隆子县除外）、昌都地区（芒康县、左贡县、类乌齐县、丁青县、洛隆县除外）、林芝地区	冬一	Ⅰ
	山南地区(隆子县)、日喀则地区(定日县、聂拉木县、亚东县、拉孜县除外)		Ⅱ
	昌都地区（洛隆县）	冬二	Ⅰ
	昌都地区（芒康县、左贡县、类乌齐县、丁青县）、山南地区（浪卡子县）、日喀则地区（定日县、聂拉木县）、阿里地区（普兰县）		Ⅱ
	拉萨市（当雄县）、那曲地区（安多县除外）、山南地区（错那县）、日喀则地区（亚东县）、阿里地区（普兰县除外）	冬三	
	那曲地区（安多县）	冬四	
陕西	西安市、宝鸡市、渭南市、咸阳市（彬县、旬邑县、长武县除外）、汉中市（留坝县、佛坪县）、铜川市（耀州区）	冬一	Ⅰ
	铜川市（印台区、王益区）、咸阳市（彬县、旬邑县、长武县）		Ⅱ
	延安市（吴起县除外）、榆林市（清涧县）、铜川市（宜君县）	冬二	Ⅱ
	延安市（吴起县）、榆林市（清涧县除外）	冬三	
	商洛市、安康市、汉中市（留坝县、佛坪县除外）	准二	
甘肃	陇南市（两当县、徽县）	冬一	Ⅱ
	兰州市、天水市、白银市（会宁县、靖远县）、定西市、平凉市、庆阳市、陇南市（西和县、礼县、宕昌县）、临夏自治州、甘南自治州(舟曲县)	冬二	Ⅱ
	嘉峪关市、金昌市、白银市（白银区、平川区、景泰县）、酒泉市、张掖市、武威市、甘南自治州（舟曲县除外）	冬三	
	陇南市（武都区、文县）	准一	
	陇南市（成县、康县）	准二	
青海	海东地区（民和县）	冬二	Ⅱ
	西宁市、海东地区（民和县除外）、黄南自治州（泽库县除外）、海南自治州、果洛自治州（班玛县、达日县、久治县）、玉树自治州（囊谦县、杂多县、称多县、玉树县）、海西自治州（德令哈市、格尔木市、都兰县、乌兰县）	冬三	
	海北自治州（野牛沟、托勒除外）、黄南自治州（泽库县）、果洛自治州（玛沁县、甘德县、玛多县）、玉树自治州（曲麻莱县、治多县）、海西自治州（冷湖、茫崖、大柴旦、天峻县）	冬四	
	海北自治州（野牛沟、托勒）、玉树自治州（清水河）、海西自治州(唐古拉山区）	冬五	

续表

<table>
<tr><th>省、自治区、直辖市</th><th>地区、市、自治州、盟（县）</th><th colspan="2">气温区</th></tr>
<tr><td>宁夏</td><td>全境</td><td>冬二</td><td>Ⅱ</td></tr>
<tr><td rowspan="5">新疆</td><td>阿拉尔市、喀什地区（喀什市、伽师县、巴楚县、英吉沙县、麦盖提县、莎车县、叶城县、泽普县）、哈密地区（哈密市泌城镇）、阿克苏地区（沙雅县、阿瓦提县）、和田地区、伊犁自治州（伊宁市、新源县、霍城县霍尔果斯镇）、巴音郭楞自治州（库尔勒市、若羌县、且末县、尉犁县铁干里可）、克孜勒苏自治州（阿图什市、阿克陶县）</td><td rowspan="2">冬二</td><td>Ⅰ</td></tr>
<tr><td>喀什地区（岳普湖县）</td><td>Ⅱ</td></tr>
<tr><td>乌鲁木齐市（牧业气象试验站、达坂城区、乌鲁木齐县小渠子乡）、塔城地区（乌苏市、沙湾县、额敏县除外）、阿克苏地区（沙雅县、阿瓦提县除外）、哈密地区（哈密十三间房、哈密市红柳河、伊吾县淖毛湖）、喀什地区（塔什库乐干县）、吐鲁番地区、克孜勒苏自治州（乌恰县、阿合奇县）、巴音郭楞自治州（和静县、焉耆县、和硕县、轮台县、尉犁县、且末县塔中）、伊犁自治州（伊宁市、霍城县、察布查尔县、尼勒克县、巩留县、昭苏县、特克斯县）</td><td colspan="2">冬三</td></tr>
<tr><td>乌鲁木齐市（冬三区以外各地）、塔城地区（额敏县、乌苏市）、阿勒泰地区（阿勒泰市、哈巴河县、吉木乃县）、哈密地区（巴里坤县）、昌吉自治州（昌吉市、米泉区、木垒县、奇台县北塔山镇、阜康市天池）、博尔塔拉自治州（温泉县、精河县、阿拉山口口岸）、克孜勒苏自治州（乌恰县吐尔尕特口岸）</td><td colspan="2">冬四</td></tr>
<tr><td>克拉玛依市、石河子市、塔城地区（沙湾县）、阿勒泰地区（布尔津县、福海县、富蕴县、青河县）、博尔塔拉自治州（博乐市）、昌吉自治州（阜康市、玛纳斯县、呼图壁县、吉木萨尔县、奇台县、米泉区蔡家湖）、巴音郭楞自治州（和静县巴音布鲁克乡）</td><td colspan="2">冬五</td></tr>
<tr><td colspan="4">注：表中行政区划以2006年地图出版社出版的《中华人民共和国行政区划简册》为准，为避免烦冗，各民族自治州名称予以简化，如青海省的“海西蒙古族藏族自治州”简化为“海西自治州”。</td></tr>
</table>

附录二　全国雨期施工雨量区及雨季期划分表

附表2　全国雨期施工雨量区及雨季期划分表

省、自治区、直辖市	地区、市、自治州、盟（县）	雨量区	雨季期（月数）
北京	全境	Ⅱ	2
天津	全境	Ⅰ	2
河北	张家口市、承德市（围场县）	Ⅰ	1.5
	承德市（围场县除外）、保定市、沧州市、石家庄市、廊坊市、邢台市、衡水市、邯郸市、唐山市、秦皇岛市	Ⅱ	2
山西	全境	Ⅰ	1.5
内蒙古	呼和浩特市、通辽市、呼伦贝尔市（海拉尔区、满洲里市、陈巴尔虎旗、鄂温克旗）、鄂尔多斯市（东胜区、准格尔旗、伊金霍洛旗、达拉特旗、乌审旗）、赤峰市、包头市、乌兰察布市（集宁区、化德县、商德县、兴和县、四子王旗、察哈尔右翼后旗、卓资县有以南）、锡林郭勒盟（锡林浩特市、多伦县、太仆寺旗、西乌珠穆沁旗、正蓝旗、正镶白旗）	Ⅰ	1
	呼伦贝尔市（牙克石市、额尔古纳市、鄂伦春旗、扎兰屯市及以东）、兴安盟		2
辽宁	大连市（长海县、瓦房店市、普兰店市、庄河市除外）、朝阳市（建平县）	Ⅰ	2
	沈阳市（康平县）、大连市（长海县）、锦州市（北镇市除外）、营口市（盖州市）、朝阳市（凌源市、建平县除外）		2.5
	沈阳市（康平县、辽中县除外）、大连市（瓦房店市）、鞍山市（海城市、台安县、岫岩县除外）、锦州市（北镇市）、阜新市、朝阳市（凌源市）、盘锦市、葫芦岛市（建昌县）、铁岭市		3
	抚顺市（新宾县）、辽阳市		3.5
	沈阳市（辽中县）、鞍山市（海城市、台安县）、营口市（盖州市除外）、葫芦岛市（兴城市）	Ⅱ	2.5
	大连市（普兰店市）、葫芦岛市（兴城市、建昌县除外）		3
	大连市（庄河市）、鞍山市（岫岩县）、抚顺市（新宾县除外）、丹东市（凤城市、宽甸县除外）、本溪市		3.5
	丹东市（凤城市、宽甸县）		4

续表

省、自治区、直辖市	地区、市、自治州、盟（县）	雨量区	雨季期（月数）
吉林	辽源市、四平市（双辽市）、白城市、松原市	Ⅰ	2
	吉林市、长春市、四平市（双辽市除外）、白山市、延边自治州	Ⅱ	2
	通化市		3
黑龙江	哈尔滨市（市区、呼兰区、五常市、阿城区、双城市）、佳木斯市（抚远县）、双鸭山市（市区、集贤县除外）、齐齐哈尔市（拜泉县、克东县除外）、黑河市（五大连池市、嫩江县）、绥化市（北林区、海伦市、望奎县、绥棱县、庆安县除外）、牡丹江市、大庆市、鸡西市、七台河市、大兴安岭地区（呼玛县除外）	Ⅰ	2
	哈尔滨市（市区、呼兰区、五常市、阿城区、双城市除外）、佳木斯市（抚远县除外）、双鸭山市（市区、集贤县）、齐齐哈尔市（拜泉县、克东县）、黑河市（五大连池市、嫩江县除外）、绥化市（北林区、海伦市、望奎县、绥棱县、庆安县）、鹤岗市、伊春市、大兴安岭地区（呼玛县）	Ⅱ	2
上海	全境	Ⅱ	4
江苏	徐州市、连云港市	Ⅱ	2
	盐城市		3
	南京市、镇江市、淮安市、南通市、宿迁市、扬州市、常州市、泰州市		4
	无锡市、苏州市		4.5
浙江	舟山市	Ⅱ	4
	嘉兴市、湖州市		4.5
	宁波市、绍兴市		6
	杭州市、金华市、温州市、衢州市、台州市、丽水市		7
安徽	亳州市、淮北市、宿州市、蚌埠市、淮南市、六安市、合肥市	Ⅱ	1
	阜阳市		2
	滁州市、巢湖市、马鞍山市、芜湖市、铜陵市、宣城市		3
	池州市		4
	安庆市、黄山市		5

续表

省、自治区、直辖市	地区、市、自治州、盟（县）	雨量区	雨季期（月数）
福建	泉州市（惠安县崇武）	Ⅰ	4
	福州市（平潭县）、泉州市（晋江市）、厦门市（同安区除外）、漳州市（东由县）	Ⅱ	5
	三明市（永安市）、福州市（市区、长乐市）、莆田市（仙游县除外）		6
	南平市（顺昌县除外）、宁德市（福鼎市、霞浦县）、三明市（永安市、尤溪县、大田县除外）、福州市（市区、长乐市、平潭县除外）、龙岩市（长汀县、连城县）、泉州市（晋江市、惠安县崇武、德化县除外）、莆田市（仙游县）、厦门市（同安区）、漳州市（东山县除外）		7
	南平市（顺昌县）、宁德市（福鼎市、霞浦县除外）、三明市（尤溪县、大田县）、龙岩市（长汀县、连城县除外）、泉州市（德化县）		8
江西	南昌市、九江市、吉安市	Ⅱ	6
	萍乡市、景德镇市、新余市、鹰潭市、上饶市、抚州市、宜春市、赣州市		7
山东	济南市、潍坊市、聊城市	Ⅰ	3
	淄博市、东营市、烟台市、济宁市、威海市、德州市、滨州市		4
	枣庄市、泰安市、莱芜市、临沂市、菏泽市		5
	青岛市	Ⅱ	3
	日照市		4
河南	郑州市、许昌市、洛阳市、济源市、新乡市、焦作市、三门峡市、开封市、濮阳市、鹤壁市	Ⅰ	2
	周口市、驻马店市、漯河市、平顶山市、安阳市、商丘市		3
	南阳市		4
湖北	十堰市、襄樊市、随州市、神农架林区	Ⅰ	3
	宜昌市（归县、远安县、兴山县）、荆门市（钟祥市、京山县）	Ⅱ	2
	武汉市、黄石市、荆州市、孝感市、黄冈市、荆门市（钟祥市、京山县除外）、天门市、潜江市、仙桃市、鄂州市、宜昌市（秭归县、远安县、兴山县除外）、恩施自治州		6
湖南	全境	Ⅱ	6
广东	茂名市、中山市、汕头市、潮州市	Ⅰ	5
	广州市、江门市、肇庆市、顺德区、湛江市、东莞市		6
	珠海市	Ⅱ	5
	深圳市、阳江市、汕尾市、佛山市、河源市、梅州市、揭阳市、惠州市、云浮市、韶关市		6
	清远市		7

续表

省、自治区、直辖市	地区、市、自治州、盟（县）	雨量区	雨季期（月数）
广西	百色市、河池市、南宁市、崇左市	Ⅱ	5
	桂林市、玉林市、梧州市、北海市、贵港市、钦州市、防城港市、贺州市、柳州市、来宾市		6
海南	全境	Ⅱ	6
重庆	全境	Ⅱ	4
四川	甘孜自治州（巴塘县）	Ⅰ	1
	阿坝自治州（若尔盖县）、甘孜自治州（石渠县）		2
	乐山自治州（峨边县）、雅安市（汉源县）、甘孜自治州（甘孜县、色达县）		3
	雅安市（石棉县）、绵阳市（千武县）、泸州市（古蔺县）、遂宁市、阿坝自治州（若尔盖县、汶川县除外）、甘孜自治州（巴塘县、石渠县、甘孜县、色达县、九龙县、得荣县除外）		4
	南充市（高坪区）、资阳市（安岳县）		5
	宜宾市（高县）、凉山自治州（雷波县）	Ⅱ	3
	成都市、乐山市（峨边县、马边县除外）、德阳市、南充市（南部县）、绵阳市（平武县除外）、资阳市（安岳县除外）、广元市、自贡市、攀枝花市、眉山市、凉山自治州（雷波县除外）、甘孜自治州（九龙县）		4
	乐山市（马边县）、南充市（高坪区、南部县除外）、雅安市（汉源县、石棉县除外）、广安市（邻水县除外）、巴中市、宜宾市（高县除外）、泸州市（古蔺县除外）、内江市		5
	广安市（邻水县）、达州市		6
贵州	贵阳市、遵义市、毕节地区	Ⅱ	4
	安顺市、铜仁地区、黔东南自治州		5
	黔西南自治州		6
	黔南自治州		7
云南	昆明市（市区、嵩明县除外）、玉溪市、曲靖市（富源县、师宗县、罗平县除外）、丽江市（宁蒗县、永胜县）、普洱市（墨江县）、昭通市、怒江自治州（兰坪县、泸水县六库镇）、大理自治州（大理市、漾濞县除外）、红河自治州（个旧市、开远市、蒙自县、红河县、石屏县、建水县、弥勒县、泸西县）、迪庆自治州、楚雄自治州	Ⅰ	5
	保山市（腾冲县、龙陵县除外）、临沧市（凤庆县、云县、永德县、镇康县）、怒江自治州（福贡县、泸水县）、红河自治州（元阳县）		6

续表

省、自治区、直辖市	地区、市、自治州、盟（县）	雨量区	雨季期（月数）
云南	昆明市（市区、嵩明县）、曲靖市（富源县、师宗县、罗平县）、丽江市（古城区、华坪县）、普洱市（翠云区、景东县、镇沅县、普洱县、景谷县）、大理自治州（大理市、漾濞县）、文山自治州	Ⅱ	5
	保山市（腾冲县、龙陵县）、临沧市（临祥区、双江县、耿马县、沧源县）、普洱市（西盟县、澜沧县、孟连县、江城县）、怒江自治州（贡山县）、德宏自治州、红河自治州（绿春县、金平县、屏边县、河口县）、西双版纳自治州		6
西藏	那曲地区（索县除外）、山南地区（加查县除外）、日喀则地区（定日县）、阿里地区	Ⅰ	1
	拉萨市、那曲地区（索县）、昌都地区（类乌齐县、丁表县、芒康县除外）、日喀则地区（拉孜县）、林芝地区（察隅县）		2
	昌都地区（类乌齐县）、林芝地区（来林县）		3
	昌都地区（丁表县）、林芝地区（来林县、波密县、察隅县除外）		4
	林芝地区（波密县）	Ⅱ	5
	山南地区（加查县）、日喀则地区（定日县、拉孜县除外）		1
	昌都地区（芒康县）		2
陕西	榆林市、延安市	Ⅰ	1.5
	铜州市、西安市、宝鸡市、咸阳市、渭南市、杨凌区		2
	商洛市、安康市、汉中市		3
甘肃	天水市（甘谷县、武山县）、陇南市（武都区、文县、礼县）、临夏自治州（康乐县、广河县、永靖县）、甘南自治州（夏河县）	Ⅰ	1
	天水市（麦积区、秦州区）、定西市（渭源县）、庆阳市（西峰区）、陇南市（西和县）、临夏自治州（临夏市）、甘南自治州（临潭县、卓尼县）		1.5
	天水市（秦安县）、定西市（临洮县、岷县）、平凉市（崆峒区）、庆阳市（华池县、宁县、环县）、陇南市（宕昌县）、临夏自治州（临夏县、东乡县、积石山县）、甘南自治州（合作市）		2
	天水市（张家川县）、平凉市（静宁县、庄浪县）、庆阳市（镇原县）、陇南市（两当县）、临夏自治州（和政县）、甘南自治州（玛曲县）		2.5
	天水市（清水县）、平凉市（泾川县、灵台县、华亭县、崇信县）、庆阳市（西峰县、合水县、正宁县）、陇南市（微县、成县、康县）、甘南自治州（碌曲县、迭部县）		3

续表

<table>
<tr><th>省、自治区、直辖市</th><th>地区、市、自治州、盟（县）</th><th>雨量区</th><th>雨季期（月数）</th></tr>
<tr><td rowspan="2">青海</td><td>西宁市（湟源县）、海东地区（平安县、乐都县、民和县、化降县）、海北自治州（海晏县、祁连县、刚察县、托勒）、海南自治州（同德县、贵南县）、黄南自治州（泽库县、同仁县）、海西自治州（天峻县）</td><td rowspan="2">Ⅰ</td><td>1</td></tr>
<tr><td>西宁市（湟源县除外）、海东地区（互助县）、海北自治州（门源县）、果洛自治州（达日县、久治县、班玛县）、玉树自治州（称多县、杂多县、囊谦县、玉树县）、河南自治县</td><td>1.5</td></tr>
<tr><td>宁夏</td><td>固原地区（隆德县、泾源县）</td><td>Ⅰ</td><td>2</td></tr>
<tr><td>新疆</td><td>乌鲁木齐市（小渠子乡、牧业气象试验站、大西沟乡）、昌吉地区（阜康市天地）、克孜勒苏自治州（吐尔尕特、托云、巴音库鲁提）、伊犁自治州（昭苏县、霍城县二台、松树头）</td><td>Ⅰ</td><td>1</td></tr>
<tr><td>台湾</td><td>（资料暂缺）</td><td></td><td></td></tr>
<tr><td colspan="4">注：1. 表中未列的地区除西藏林芝地区墨脱县因无资料未划分外，其余地区均因降雨天数或平均日降雨量未达到计算雨期施工增加费的标准，故未划分雨量区及雨季期。
2. 行政区划依据资料及自治州、市的名称列法同冬期施工气温划分说明。</td></tr>
</table>

附录三　全国风沙地区公路施工区划表

附表 3　全国风沙地区公路施工区划表

区划	沙漠（地）名称	地理位置	自然特征
风沙一区	呼伦贝尔沙地、嫩江沙地	呼伦贝尔沙地位于内蒙古呼伦贝尔平原，嫩江沙地位于东北平原西北部嫩江下游	属半干旱、半湿润严寒区，年降雨量 280～400 mm，年蒸发量 1 400～1 900 mm，干燥度 1.2～1.5
	科尔沁沙地	散布于东北平原西辽河中、下游主干及支流沿岸的冲积平原上	属半湿润温冷区，年降雨量 300～450 mm，年蒸发量 1 700～2 400 mm，干燥度 1.2～2.0
	浑善达克沙地	位于内蒙古锡林郭勒盟南部和赤峰市西北部	属半湿润温冷区，年降雨量 100～400 mm，年蒸发量 2 200～2 700 mm，干燥度 1.2～2.0，年平均风速 3.5～5 m/s，年大风日数 50～80 d
	毛乌素沙地	位于内蒙古鄂尔多斯市中南部和陕西省北部	属半干旱温热区，年降雨量 400～440 mm，西部仅 250～320 mm，年蒸发量 2 100～2 600 mm，干燥度 1.6～2.0
	库布齐沙漠	位于内蒙古鄂尔多斯市北部，黄河河套平原以南	属半干旱温热区，年降雨量 150～400 mm，年蒸发量 2 100～2 700 mm，干燥度 2.0～4.0，年平均风速 3～4 m/s
风沙二区	乌兰布和沙漠	位于内蒙古阿拉善盟东北部，黄河河套平原西南部	属干旱温热区，年降雨量 100～145 mm，年蒸发量 2 400～2 900 mm，干燥度 8.0～16.0，地下水相当丰富，埋深一般为 1.5～3.0 m
	腾格里沙漠	位于内蒙古阿拉善盟东南部及甘肃武威部分地区	属干旱温热区，沙丘、湖盆、山地、残丘及平原交错分布，年降雨量 116～148 mm，年蒸发量 3 000～3 600 mm，干燥度 4.0～12.0
	巴丹吉林沙漠	位于内蒙古阿拉善盟西南边缘及甘肃酒泉部分地区	属干旱温热区，沙山高大密集，形态复杂，起伏悬殊，一般高 200～300 m，最高达 420 m，年降雨量 40～80 mm，年蒸发量 1 720～3 320 mm，干燥度 7.0～16.0

续表

区划	沙漠（地）名称	地理位置	自 然 特 征
风沙二区	柴达木沙漠	位于青海柴达木盆地	属极干旱寒冷区，风蚀地、沙丘、戈壁、盐湖和盐土平原交错分布，盆地东部年均气温2 ℃～4 ℃，西部为1.5 ℃～2.5 ℃，年降雨量东部为50～170 mm，西部为10～25 mm，年蒸发量2 500～3 000 mm，干燥度16.0～32.0
	古尔班通古特沙漠	位于新疆北部准噶尔盆地	属干旱温冷区，其中固定、半固定沙丘占沙漠面积的97%，年降雨量70～150 mm，年蒸发量1 700～2 200 mm，干燥度2.0～10.0
风沙三区	塔克拉玛干沙漠	位于新疆南部塔里木盆地	属极干旱炎热区，年降雨量东部为20 mm左右，西部为40 mm左右，南部为30 mm左右，北部为50 mm以上，年蒸发量1 500～3 700 mm，中部达高限，干燥度大于32.0
	库姆达格沙漠	位于新疆东部、甘肃西部，罗布泊低地南部和阿尔金山北部	属极干旱炎热区，全部为流动沙丘，风蚀严重，年降雨量10～20 mm，年蒸发量2 800～3 000 mm，干燥度大于32.0，8级以上大风天数在100 d以上

附录四　概（预）算表格样式

概（预）算表格样式见附表4～附表16。

附表4　总概（预）算表

建设项目名称：

编制范围：　　　　　　　　　　　　　　　　　　　　　　　　　第　页　共　页　　01表

项	目	节	细目	工程或费用名称	单位	数量	概（预）算金额/元	技术经济指标	各项费用比例/%	备注
1	2	3	4	5	6	7	8	9	10	11

编制：　　　　　　　　　　　　　　　　　　　　　　　　　　　　复核：

填表说明：① 本表反映的是一个单项工程或单位工程的各项费用组成汇总表。

② 1、2、3、4、5、6栏严格按项目表的序列及内容填写，“目”“节”“细目”可根据需要增减，但“部分”和“项”的序号保留不变。

③ 7、8栏数据来源于03表、05表、06表。

④ 9栏=8栏/7栏。

⑤ 10栏=8栏/概（预）算总金额。

附表5　人工、主要材料、机械台班数量汇总表

建设项目名称：

编制范围：　　　　　　　　　　　　　　　　　　　　　　　　　第　页　共　页　　02表

序号	规格名称	单位	总数量	分项统计								场外运输损耗	
												%	数量
1	2	3	4	5	6	7	8	9	10	11	12	13	14

编制：　　　　　　　　　　　　　　　　　　　　　　　　　　　　复核：

填表说明：① 本表各栏数据由08表和12表统计得到。

② 发生的冬、雨期及夜间施工增工，临时设施用工，公路交公前养护用工等数量，根据有关规定计算后列入本表。

③ 14栏=（5栏+6栏+…+12栏）×13栏。

④ 4栏=（5栏+6栏+…+12栏）+14栏。

⑤ 场外运输损耗率由预算定额附录十查得。

附表 6　建筑安装工程费计算表

建设项目名称：

编制范围：　　　　　　　　　　　　　　　　　　　　　　　　第　页　共　页　03 表

序号	工程名称	单位	工程量	直接费/元						间接费/元			利润/元	税金/元	建筑安装工程费	
				直接工程费				其他工程费	合计							
				人工费	材料费	机械使用费	合计			规费	企业管理费	合计	费率/%	综合税率/%	合计/元	单价/元
1	2	3	4	5	6	7	8	9	10	11	12	13	14	15	16	17

编制：　　　　　　　　　　　　　　　　　　　　　　　　　　复核：

填表说明：①“工程名称”栏来自于 08-2 表头上的“工程名称”，即该项目在分项时的最小计费单元，如“细目”或没有“细目”的“节”的名称及没有“节”的“目”的名称。此时的 2 栏应该为 01 表的 5 栏作准备，在“项”“目”“节”“细目”上严格按项目表划分清楚，分别合计完成。

② 5～13 栏数据来源于 08 表。一些费用的计算不能在 08 表中直接计算，如公路交工前养护费、绿化工程费、相关工程费、特殊材料加工费等，在编制 03 表时，可以直接计算，按其在项目表中所处的位置列于此栏。

③ 8 栏＝5 栏＋6 栏＋7 栏；10 栏＝8 栏＋9 栏；13 栏＝11 栏＋12 栏；14 栏＝（10 栏＋13 栏－规费）×14 栏的费率；15 栏＝（10 栏＋13 栏＋14 栏）×15 栏的税率；16 栏＝10 栏＋13 栏＋14 栏＋15 栏；17 栏＝16 栏/4 栏。

附表 7　其他工程费及间接费综合费率计算表

建设项目名称：

编制范围：　　　　　　　　　　　　　　　　　　　　第　页　共　页　　04 表

序号	工程类别	其他工程费费率/%													间接费费率/%											
		冬期施工增加费	雨期施工增加费	夜间施工增加费	高原施工增加费	风沙地区增加费	沿海地区增加费	行车干扰工程施工增加费	安全及文明施工措施费	临时设施费	施工辅助费	工地转移费	综合费率		规费						企业管理费					
													Ⅰ	Ⅱ	养老保险费	失业保险费	医疗保险费	住房公积金	工伤保险费	综合费率	基本费用	主副食运费补贴	职工探亲路费	职工取暖补贴	财务费用	综合费率
1	2	3	4	5	6	7	8	9	10	11	12	13	14	15	16	17	18	19	20	21	22	23	24	25	26	27

编制：　　　　　　　　　　　　　　　　　　　　复核：

填表说明：① 所有综合费率用于 08-2 表，在表底计算各工程细目及各“工程名称”的各项费用，为填写 03 表服务。

② 本表应根据工程项目的具体情况，按《编制办法》或各省、自治区、直辖市规定的费率取用。

③ 14 栏＝3 栏＋4 栏＋5 栏＋8 栏＋10 栏＋11 栏＋12 栏＋13 栏；15 栏＝6 栏＋7 栏＋9 栏；21 栏＝16 栏＋17 栏＋18 栏＋19 栏＋20 栏；27 栏＝22 栏＋23 栏＋24 栏＋25 栏＋26 栏。

附表8　设备、工具、器具购置费计算表

建设项目名称：

编制范围：　　　　　　　　　　　　　　　　　　　第　页　共　页　05表

序号	设备、工具、器具规格名称	单位	数量	单价	金额	说明
1	2	3	4	5	6	7

编制：　　　　　　　　　　　　　　　　　　　　　　　　　　复核：

填表说明：① 设备、工具、器具购置费按实际计算，或按当地的“补充规定”计算（如有）。

② 办公及生活家具购置费按《编制办法》计算。

附表9　工程建设其他费用及回收金额计算表

建设项目名称：

编制范围：　　　　　　　　　　　　　　　　　　　第　页　共　页　06表

序号	费用名称及回收金额项目	说明及计算式	金额	备注
1	2	3	4	5

编制：　　　　　　　　　　　　　　　　　　　　　　　　　　复核：

填表说明：① 本表按实际发生的费用填写，需要说明和具体计算的费用项目依次在相应说明及计算栏中填写或具体计算：土地补偿费＝数量×单价；安置补助费＝补助标准×数量。建设单位管理费当中的建设单位（业主）管理费、工程质量监督费、工程监理费、工程定额测定费、设计文件审查费、竣（交）工验收试验检测费，以“建安费总额×规定费率”计算。其余有关的工程建设其他费用按规定计算。

② 回收金额按实际可回收的材料、设备的定额计算，回收单价按原材料单价计算。回收金额＝数量×原价。

附表10　人工、材料、机械台班单价汇总表

建设项目名称：

编制范围：　　　　　　　　　　　　　　　　　　　第　页　共　页　07表

序号	工料机名称	单位	代号	预算单价	备注
1	2	3	4	5	6

编制：　　　　　　　　　　　　　　　　　　　　　　　　　　复核：

填表说明：① 4栏代号按《编制办法》中统一规定办理。

② 5栏中材料预算单价由09表转来；机械台班单价由11表转来。

附表 11 建筑安装工程费计算数据表

建设项目名称： 编制范围： 数据文件编号： 公路等级：

路线或桥梁长度（km）： 路基或桥梁宽度（m）： 第 页 共 页 08-1 表

项的代号	本项目数	目的代号	本目节数	节的代号	本节细目数	细目的代号	费率编号	定额个数	定额代号	项或目或节或细目或定额的名称	单位	数量		定额调整情况

编制： 复核：

填表说明：① 本表应逐行从左到右横向跨栏填写。

② “项”“目”“节”“细目”“定额”等的代号应根据实际需要按《编制办法》附录四“概预算项目表”及现行《公路工程概算定额》（JTG/T B06-01—2007)、《公路工程预算定额》（JTG/T B06-02—2007）的序列及内容填写。

③ 本表主要为利用计算机软件编制概预算提供基础数据，具体填表规定则由软件用户手册详细制定。

附表 12　分项工程概（预）算表

编制范围：

工程名称：　　　　　　　　　　　　　　　　　　　　第　页　　共　页　08-2 表

<table>
<tr><td rowspan="6">序号</td><td colspan="3">工程项目</td><td colspan="3"></td><td colspan="3"></td><td colspan="3"></td><td colspan="2" rowspan="5">合计</td></tr>
<tr><td colspan="3">工程细目</td><td colspan="3"></td><td colspan="3"></td><td colspan="3"></td></tr>
<tr><td colspan="3">定额单位</td><td colspan="3"></td><td colspan="3"></td><td colspan="3"></td></tr>
<tr><td colspan="3">工程数量</td><td colspan="3"></td><td colspan="3"></td><td colspan="3"></td></tr>
<tr><td colspan="3">定额表号</td><td colspan="3"></td><td colspan="3"></td><td colspan="3"></td></tr>
<tr><td>工、料、机名称</td><td>单位</td><td>单价</td><td>定额</td><td>数量</td><td>金额/元</td><td>定额</td><td>数量</td><td>金额/元</td><td>定额</td><td>数量</td><td>金额/元</td><td>数量</td><td>金额/元</td></tr>
<tr><td>1</td><td>2</td><td>3</td><td>4</td><td>5</td><td>6</td><td>7</td><td>8</td><td>9</td><td>10</td><td>11</td><td>12</td><td>13</td><td>14</td><td>15</td></tr>
<tr><td>1</td><td>人工</td><td></td><td></td><td></td><td></td><td></td><td></td><td></td><td></td><td></td><td></td><td></td><td></td><td></td></tr>
<tr><td>2</td><td>材料</td><td></td><td></td><td></td><td></td><td></td><td></td><td></td><td></td><td></td><td></td><td></td><td></td><td></td></tr>
<tr><td>3</td><td>……</td><td></td><td></td><td></td><td></td><td></td><td></td><td></td><td></td><td></td><td></td><td></td><td></td><td></td></tr>
<tr><td></td><td></td><td></td><td></td><td></td><td></td><td></td><td></td><td></td><td></td><td></td><td></td><td></td><td></td><td></td></tr>
<tr><td></td><td>直接工程费</td><td></td><td></td><td></td><td></td><td></td><td></td><td></td><td></td><td></td><td></td><td></td><td></td><td></td></tr>
<tr><td></td><td>其他工程费 Ⅰ</td><td></td><td></td><td></td><td></td><td></td><td></td><td></td><td></td><td></td><td></td><td></td><td></td><td></td></tr>
<tr><td></td><td>其他工程费 Ⅱ</td><td></td><td></td><td></td><td></td><td></td><td></td><td></td><td></td><td></td><td></td><td></td><td></td><td></td></tr>
<tr><td></td><td>间接费 规费</td><td></td><td></td><td></td><td></td><td></td><td></td><td></td><td></td><td></td><td></td><td></td><td></td><td></td></tr>
<tr><td></td><td>间接费 企业管理费</td><td></td><td></td><td></td><td></td><td></td><td></td><td></td><td></td><td></td><td></td><td></td><td></td><td></td></tr>
<tr><td></td><td>利润及税金</td><td></td><td></td><td></td><td></td><td></td><td></td><td></td><td></td><td></td><td></td><td></td><td></td><td></td></tr>
<tr><td></td><td>建筑安装工程费</td><td></td><td></td><td></td><td></td><td></td><td></td><td></td><td></td><td></td><td></td><td></td><td></td><td></td></tr>
</table>

编制：　　　　　　　　　　　　　　　　　　　　　　　　　　复核：

填表说明：① “工程名称”指概（预）算项目表中“细目”的名称，有“节”无“细目”按“节”填列，有“目”无“节”按“目”填列。按项目表的顺序填写。

② 表中工程项目，一般指概（预）算定额项目名称。

③ 表中工程细目，一般指所采用定额的具体子目名称。

④ 2 栏一般按人工、材料、机械及定额基价的计算机代号由小到大、由上而下的顺序排列。

⑤ 4 栏单价由 07 表转来。

⑥ 工程数量＝实际工程量/定额单位。

⑦ 5、8、11 等栏填入各细目的定额数值；6、9、12 栏＝5、8、11 栏×“工程数量”；7、10、13 栏＝6、9、12 栏×4 栏；14 栏＝6、9、12 栏合计；15 栏＝14 栏×4 栏。

⑧ 其他工程费及间接费综合费率来自于 04 表。

⑨ 各“细目”（或没有“细目”的“节”）必须单独计算，同一张表格不得同时计算两个或两个以上“细目”的费用，否则不利于合计。

附表 13　材料预算单价计算表

建设项目名称：

编制范围：　　　　　　　　　　　　　　　　　　　　　　第　页　　共　页　09 表

序号	规格名称	单位	原价/元	运杂费					原价运费合计/元	场外运输损耗		采购及保管费		预算单价/元
				供应地点	运输方式、比例及运距	毛重系数或单位毛重	运杂费构成说明或计算式	单位运费/元		费率/%	金额/元	费率/%	金额/元	
1	2	3	4	5	6	7	8	9	10	11	12	13	14	15

编制：　　　　　　　　　　　　　　　　　　　　　　　　　复核：

填表说明：① 本表计算各种材料自供应地点或料场至工地的全部运杂费与材料原价及其他费用组成预算单价。

② 运输方式按火车、汽车、船舶等及其所占运输比例填写。

③ 毛重系数、场外运输损耗、采购及保管费按“概（预）算编制办法”规定填写。

④ 根据材料供应地点、运输方式、运输单价、毛重系数等，通过运杂费构成说明或计算式，计算得出材料单位运费。

⑤ 某种材料需计算预算单价时，4 栏按供应地点、供销部门规定的价格填写，自采材料原价为料场价，由 10 表转来。

⑥ 10 栏=9 栏+4 栏；12 栏=10 栏×11 栏；14 栏=（10 栏+12 栏）×13 栏；15 栏=4 栏+9 栏+12 栏+14 栏；或者 15 栏=10 栏+12 栏+14 栏。

⑦ 8 栏按不同运输方式的百分比计算，有自办人力装卸和人力运输时按定额计算运费，并根据规定人工费加计 15%辅助生产间接费。

附表 14　自采材料料场价格计算表

建设项目名称：

编制范围：　　　　　　　　　　　　　　　　　　　　　　　　　　　第　页　　共　页　10 表

序号	定额号	材料规格名称	单位	料场价格/元	人工/工日单价/元		间接费/元占人工费/%	(　) 单价/元		(　) 单价/元		(　) 单价/元	
					定额	金额		定额	金额	定额	金额	定额	金额
1	2	3	4	5	6	7	8	9	10	11	12	13	14

编制：　　　　　　　　　　　　　　　　　　　　　　　　　　　　　　　　复核：

填表说明：① 本表主要用于分析计算自采材料料场价格，应将选用的定额人工、材料、机械台班数量全部列出，包括相应的工、料、机单价。

② 3 栏的材料是 09 表中没有原价的自采材料，4 栏单位一般用定额单位。

③ 6 栏中人工工日单价按工程所在地规定的单价填入，定额由定额表查得，7 栏＝6 栏×人工工日单价。

④ 8 栏＝7 栏×间接费费率。

⑤ 9、11、13 栏为相应定额中出现的材料、机械定额值，材料、机械台班单价由 07 表转来。

⑥ 10、12、14 栏＝9、11、13 栏×表头材料、机械台班单价。

⑦ 5 栏＝7 栏＋8 栏＋10 栏＋12 栏＋……

附表 15　机械台班单价计算表

建设项目名称：

编制范围：　　　　　　　　　　　　　　　　　　　　　　　　　　　第　页　　共　页 11 表

序号	定额号	机械规格名称	台班单价/元	不变费用		可变费用								
				调整系数		人工/(元·工日$^{-1}$)		汽油/(元·kg^{-1})		柴油/(元·kg^{-1})		…		合计
				定额	调整值	定额	金额	定额	金额	定额	金额	定额	金额	
1	2	3	4	5	6	7	8	9	10	11	12	13	14	15

编制：　　　　　　　　　　　　　　　　　　　　　　　　　　　　　　　　复核：

填表说明：① 2 栏为对应的机械台班费用定额的定额号。

② 3 栏为 08 表、10 表中出现的机械名称。

③ 6 栏＝5 栏×调整系数。可变费用 7、9、11、13、…各栏填入定额数量。

④ 8、10、12 栏＝7、9、11 栏×表头单价。单价来源于 07 表或 09 表。

⑤ 14 栏＝8 栏＋10 栏＋12 栏＋14 栏；4 栏＝6 栏＋15 栏。

附表 16　辅助生产工、料、机械台班单位数量表

建设项目名称：

编制范围：　　　　　　　　　　　　　　　　　　　　　　　　　第　页　　共　页　12 表

序号	定额号	规格名称	单位	总数量	人工/工日		( )		( )		( )		( )	
					定额	数量	定额	数量	定额	数量	定额	数量	定额	数量
1	2	3	4	5	6	7	8	9	10	11	12	13	14	15
合　计														

编制：　　　　　　　　　　　　　　　　　　　　　　　　　　　　复核：

填表说明：① 本表各栏数据由“自采材料料场价格计算表”（10 表）统计而来。为保证 02 表计算全面正确，必须先完成 12 表的数量。

② 2 栏的“规格名称”与 10 表的第 3 栏相同。

参考文献

［1］中华人民共和国行业标准. JTG B06－2007 公路基本建设工程概算预算编制办法［S］. 北京：人民交通出版社，2007.

［2］中华人民共和国行业标准. JTG/T B06-02－2007 公路工程预算定额［S］. 北京：人民交通出版社，2007.

［3］中华人民共和国行业标准. JTG/T B06-01－2007 公路工程概算定额［S］. 北京：人民交通出版社，2007.

［4］中华人民共和国行业标准. JTG/T B06-03－2007 公路工程机械台班费用定额［S］. 北京：人民交通出版社，2007.

［5］中华人民共和国行业标准. 公路工程标准施工招标文件［S］. 北京：人民交通出版社，2009.

［6］交通部公路工程定额站，湖南省交通厅. 公路工程工程量清单计量规则［M］. 北京：人民交通出版社，2010.

［7］张丽华. 公路工程概、预算编制指南［M］. 北京：人民交通出版社，2008.

［8］邢凤歧，徐连铭. 公路工程定额应用与概、预算编制示例［M］. 北京：人民交通出版社，2008.

［9］邬晓光. 公路工程施工招投标标书编制手册［M］. 北京：人民交通出版社，2003.

［10］高峰. 公路工程造价［M］. 2版. 北京：北京理工大学出版社，2012.